한국의
성읍
교회

믿음이란 한 알의 밀알이 땅에 떨어져 죽음으로 많은 열매를 맺음과 같이
진리의 열매를 위하여 스스로 죽는 것을 뜻합니다. 눈으로 볼 수는 없으나
영원히 살아 있는 진리와 목숨을 맞바꾸는 자들을 우리는 믿는 이라고 부릅니다.
「믿음의 글들」은 평생, 혹은 가장 귀한 순간에 진리를 위하여 죽거나 죽기를 결단하는
참 믿는 이들의, 참 믿는 이들을 위한, 참 믿음의 글들입니다.

한국의
성읍
교회

전정희 글·사진

홍성사

차례 —

머리말 6

서울·경기 지역

강원 지역

충청 지역

호남 지역

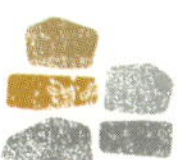

영남 지역

제주 지역

"내가 이 말을 듣고 앉아서 울고 수일 동안 슬퍼하며 하늘의 하나님 앞에 금식하며 기도하여"(느 1:4).

느헤미야는 예루살렘 성읍 형편을 듣고 통곡했다. 그리고 금식하며 기도했다. 유배지 바벨론에서 살아 돌아온 예루살렘 백성 때문이었다. "사로잡힘을 면하고 남아 있는 자들이 그 지방 거기에서 큰 환난을 당하고 능욕을 받으며 예루살렘 성은 허물어지고 성문들은 불탔다"(느 1:3) 하는 얘기를 듣고서였다. 느헤미야는 성읍 재건에 나서 주전 444년 낙성식을 가졌다. "……하나님이 크게 즐거워하게 하셨음이라 부녀와 어린아이도 즐거워하였으므로 예루살렘이 즐거워하는 소리가 멀리 들렸느니라"(느 12:43)라고 전하고 있다.

한국의 성읍은 구한말을 전후로 일본의 능욕을 받아 역사성을 잃었다. 그러나 능욕은 백성을 섬기지 않은 권력이 자초한 일이었다. 《한국의 성읍 교회》는 피폐할 대로 피폐해진 백성들이 메시아를 기다리며 성읍을 재건해 가는 기독교문화지리학이다. 단지 성읍

이 갖는 건축학, 도시공학이 아니라 성읍의 역사성과 종교성을 짚고
자 기획했다.

한국 기독교사는 1885년 옛 성읍을 중심으로 복음이 전파되며
시작됐다. 그리하여 무너진 성읍이 기도로 중수(重修)됐고, 한국은
오늘날 지구촌의 복음 전파 전진기지가 됐다. 하지만 이즈음 "어린
아이도 즐거워"하던 그 성읍에서 탄식 소리가 끊이지 않는다. 탐욕
한 교계 지도자와 맘모니즘에 빠진 교인 일부가 거룩한 성읍을 훼손
하고 있는 것이다.

《한국의 성읍 교회》는 그럼에도 느헤미야와 같은 지혜로 성읍과
성전을 세우려는 한국 교회의 간절한 기도를 담아내고자 한다.

전정희

일러두기

• 이 책은 2014년 6월부터 2015년 8월까지
〈국민일보〉에 연재된 내용을 바탕으로 한 것입니다.
인물의 나이와 상황은 인터뷰 당시를 기준으로 했습니다.

• 이 연재물로 저자는 제7회 한국기독언론대상 기독문화부문상을
받았습니다. 한국기독언론대상은 바른 언론과 건강한 기독교
문화 발전을 위해 2008년 기독교계에서 제정한 상으로
사랑, 생명, 정의 등 기독교 정신을 신문이나 방송에 녹여 내는
언론인을 대상으로 합니다.

• 12–13, 24–25, 34–35, 44–45, 66–67, 268–269,
271, 302면 이미지는 공공누리 제1유형으로 개방된 저작물입니다.

서울·경기 지역

중앙성결교회
서울 한양도성 동대문

사대문 안 108년 된 교회

동대문에서 혜화문으로 향하는 동대문성곽 길을 걷다 보면 성곽 아래 깔끔하게 단장한 한옥이 눈에 띈다. 서민 주택이 즐비한 언덕배기 마을에 유독 잘 보존된 한옥이다. 한데 한옥 벽에 전통 양식을 살린 십자가가 눈에 띈다. 115.7제곱미터(35평) 규모의 이 한옥은 중앙성결교회(한기채 목사)가 교회 옆에 마련한 안식관 및 카페다. 교인 및 데이트족이 즐겨 찾는 명소다.

한옥 골목길 초입엔 '중앙성결교회. 교회로 통하는 길'이라는 나무 안내판이 걸렸다. 골목 사이로 태극기가 펄럭였다. 그 길을 따라 15미터 정도 가면 제법 규모 있는 예배당이 사람을 압도한다. 이 예배당이 108년 전통의 중앙성결교회다. 태극기는 교회가 내걸었다.

교회는 산비탈 지형에 위치해 있어 본관과 교육관 각 6층 건물

홍인지문 모습.

이 보기에 따라 규모가 다르다. 위에서 보면 평범한 예배당이지만 아래에서 보면 웅장한 예배당이다. 또 위에서 보면 한양도성 성곽을 담으로 두어 운치가 있지만 아래에서 보면 그야말로 산동네 예배당이다.

이 예배당을 중심으로 시야를 넓히면 독특한 인문지리적 요소를 지녔음을 알 수 있다. 동대문(흥인지문) 방향으로 패션몰 '두타', 동대문디자인플라자(DDP, 옛 동대문운동장)가 멀리 보인다. 동대문 앞 옛 고속터미널 자리엔 고급 호텔이 들어섰다. 또 불과 몇 해 전만 하더라도 교회 앞엔 120년 전통의 동대문감리교회가 있었다. 근대 병원사에 남을 이대부속병원도 교회 앞이었다. 하지만 지금 교회 앞은 동대문성곽공원 조성에 따라 감리교회와 병원이 이주하고 그 자리엔 공원과 한양도성박물관이 들어섰다.

한옥 골목길 초입에 걸린 안내판.
'중앙성결교회. 교회로 통하는 길'이라 적혀 있다.

또 중앙성결교회 북쪽으로는 이승만 박사 거처 이화장, 대학로, 혜화문 등이 자리한다. 동쪽 성곽 아래로는 도심의 달동네 창신동이다. 서쪽으로는 종로길과 한국의 모교회로 꼽히는 연동교회가 눈 아래다.

이처럼 도성 경계에 자리한 중앙성결교회는 마치 한국 근현대 접점과 같은 위치에서 뭔가 메시지를 전하려는 예언자적 상으로 우뚝한 것이다.

2015년 2월 22일 주일. 중앙성결교회 예배는 묵직한 분위기였다. 닷새 전 이 교회 이만신 원로목사가 별세한 후 첫 주일예배였기 때문이다. 고 이만신(1929~2015) 목사는 한국 교회 부흥을 이끈 대표적 부흥사이자 '한국 교회의 부흥과 일치'를 간절히 원했던 교계 어른이었다. 교계는 '한국 교회장'으로 기렸다.

이날 예배에서 교회는 말씀에 앞서 추모 영상을 띄웠다. 그리고 말씀 선포에 나선 한기채 목사는 "새벽기도회 때마다 내 이름을 부르며 기도해 주시던 한국 교계의 큰어른"이라며 "문제 가운데 허덕이는 우리에게 요셉과 같은 신앙으로 이끌어 주셨다"라고 회고했다.

이만신 목사와 중앙성결교회는 한국 성결교의 역사이기도 하다. 이 목사는 1974년 중앙교회에 부임했다. 김시창(80, 전 동아건설 상임이사) 장로는 "당시 40대 초반이던 이 목사의 부흥사적 열정과 긍정적 삶에 대한 말씀 선포는 영적 빈곤으로 방황하던 우리에게 뚜렷한 신앙적 방향을 주셨다"라고 기억을 되살렸다.

그러한 사역에 교회는 하루가 다르게 성장했다. 서울시청 뒤쪽 무교동 성전은 새신자로 차고 넘쳐 3부 예배로도 감당할 수 없는 지경에 이르렀다. 교통체증을 유발해 그 일대가 번잡했다. 신유 은사도 매일 일어났다.

유정열(67, 한국과학기술한림원 부원장) 장로는 "당시 서촌 체부동이 집이었는데 아버님(작고, 유병수 중앙교회 장로) 등과 교회 가기 위해 이른 아침부터 서두르던 시절이 엊그제 같다"라고 말했다. 사대문 안 교회라 동서남북에서 교인이 몰렸다.

1979년 5월 중앙성결교회는 창립 72주년 기념예배와 함께 무교동 시대 고별예배를 올렸다. 이 목사가 이끈 부흥은 마치 중앙성결교회가 1910~1930년대 '복음전도관'이라는 이름으로 이끈 2차 '서울대부흥회' 같았다.

중앙성결교회 역사는 1907년 평양대부흥회 시점과 같다. 부흥운동이 활발했던 평양과 달리 유교적 폐쇄성과 관료주의가 팽배했던 서울은 도시 규모와 다르게 복음 전파가 더뎠다. 성령운동이 항일운동과 충돌하는 것으로 보고 매도하는 분위기였다.

이 무렵 동경성서학원을 마친 정빈, 김상준 등이 종로에 동양선교회 예수교 복음전도관을 설립했다. '동양선교회', 즉 한국 성결교의 출발이자 중앙성결교회의 설립이었다. 이들은 중생, 성결, 신유, 재림의 4중복음으로 부흥운동의 불을 지폈다. 2년 후 교인이 350명으로 늘었고, 1912년엔 함석지붕을 인 근대식 벽돌 성전을 마련했다. 이 신식 예배당에 서울신대 전신 경성성서학원도 들어섰다.

중앙성결교회는 광복 전까지 무교동교회로 불렸다. 그 사이 경안복음전도관(현 경기도 광주교회), 독립문복음전도관(현 도곡동 한우리교회), 체부동복음전도관(현 등촌동 영광교회) 등을 분립 개척했다. 평신도운동이 어느 교단보다 활발했던 중앙성결교회 및 성결교는 이를 바탕으로 1910년대 34개의 전도관이 있었다.

위에서 보면 평범한 예배당이지만 아래에서 보면 웅장한 예배당이다.
또 위에서 보면 한양도성 성곽을 담으로 두어 운치가 있지만
아래에서 보면 그야말로 산동네 예배당이다.

　　이처럼 성장을 거듭하던 교회 및 교단은 일제 강권통치가 강화되면서 재림신앙을 인정할 수 없었던 조선총독부에 의해 강제 해산당한다. 일제는 천황이 만군의 왕인 마당에 예수가 왕으로 재림한다는 말씀을 예배당에서 선포하는 것을 허용하지 않았다. 그리하여 1943년 5월 200여 명의 남녀 교역자와 100여 명의 평신도가 투옥됐고, 그해 9월 예배중지 명령이 내려졌다. 그리고 12월 29일 자신들이 작성한 '해산성명서'에 강제 날인하게 만들었다.

　　1945년 광복과 함께 그해 9월 경성성서학원에서 교단 재흥(再興) 예배를 드렸으며 이듬해 문을 닫았던 중앙성결교회가 문을 열고 광복된 조국 땅 한복판에서 세상을 향해 재림신앙을 설파할 수 있게 됐다.

　　1950~1970년대 무교동 시대는 교인 증가 및 무교동 재개발 사업으로 성전 이전이 본격화됐다. 조용기, 김선도 목사 등 거장들이 새로운 사역지를 향해 각기 서울 여의도와 영동(지금의 강남) 시대를 열 무렵이었다.

　　그러나 정동교회, 새문안교회, 연동교회처럼 역사적 교회였던 중앙성결교회는 도성을 벗어난 교회 이전이 쉽지 않았다. 사대문 안에서 역사성을 지켜야 한다는 주장에 힘이 실렸다. 당시 건설사 주역으로 신시가지 영동의 토지구획 정리 사업을 맡았던 김시창 장로는 "나를 포함한 일부 교회 지도자들은 미래지향적 관점에서 강남 시대를 열자고 했다"며 "그러나 지금 생각해 보니 하나님께서 중앙교회를 단순히 개교회로 보지 않고 역사 속에서 운동하는 교회로 보고 지금 이 자리에 있게 하신 것 같다"라고 술회했다.

　　1979년 현 자리에서 예배당 기공예배를 드렸다. 지금 교회당 아래쪽 충신동 청산여상(폐교)을 임시 예배처로 삼았다. 하지만 일제강

점기를 겪었던 대한민국과 그 도성 서울은 여전히 가난했다. 김 장로
는 "지금은 교회 담이나 다름없는 도읍의 성곽이 80년대까지도 기단
정도만 남아 있을 만큼 관리가 허술했다"며 "그만큼 먹고살기도 힘
들어 문화재에 신경 쓸 여력이 없었다"라고 덧붙였다. 그 역시 가난
한 조국을 위해 건설사 간부로 중동 건설 현장을 누볐다. 신앙은 열
사(熱沙)에서 그를 지탱하는 힘이었다.

유정열 시무장로는 무교동교회 시대에 미국 유학길에 올랐다.
그리고 돌아와 서울대 기계공학부 교수가 되어 교회를 섬겼다. 그는
김시창 장로 등과 같은 선배 장로의 헌신을 이어받아 한기채 목사와

함께 빛과 소금의 교회를 만들어 가고 있다. 두 사람은 "우리 세대는 50대까지 카빈 모의소총을 들고 민방위훈련 등 군사훈련을 해야 했다"면서 "위압이 사회 곳곳에 미치는 시대를 살았는데 우리 같은 기성세대가 그 위압적 분위기를 후대에게 그대로 전하면 안 된다고 생각한다"라고 피력했다.

중앙성결교회는 사대문 안에서도 가난한 지역에 거한다. 저소득층이 살아가는 쪽방 사정을 누구보다 잘 알고, 의류 제조 및 유통의 중심지를 가까이 두고 있어 경제 흐름을 읽는 데도 남다르다. 때문에 그들은 교회 식당에 잔반통을 두지 않는 것에서도 알 수 있듯 교회가 곳간 채우는 것을 수치로 생각한다. 나누는 삶, 그것이 예수 정신이고 그 지체인 교회는 이를 실천해야 한다. '중앙교회'라는 대표성 때문에라도 더욱 그러하다고 그들은 확신한다.

중앙성결교회

설립연도 1907년

담임목사 한기채 현 주소 서울특별시 종로구 종로6가 11-1

- 서울 무교동 시절의 예배당과 서울성서학원(서울신대 전신).
-- 1950년대 신축된 무교동 시절 예배당.
--- 1979년에 신축된 현 서울 종로6가의 예배당.
---- 중앙성결교회 옆 한양도성박물관에 전시된 고지도.

남대문교회
서울 한양도성 남대문

사대문 밖, 낮은 곳으로 임한 교회

세상 속의 교회였다. 130년 한국 교회의 뿌리, 서울 남대문교회가 그렇다. 구한말과 일제강점기 경성역에 내려 눈을 들면 숭례문 방향으로 제중원과 남대문교회가 보였다. 1950년대, 월남 실향민들에게 남대문교회는 약속의 장소였다. 1960~1970년대 무작정 상경한 이들이 서울역에 내려 고개를 들면 남대문교회가 보였다. 1975년 대흥행 영화 〈영자의 전성시대〉 속 처녀 영자의 눈에도 석조 교회당 첨탑의 십자가가 보였다. 〈영자의 전성시대〉는 소설 《난장이가 쏘아 올린 작은 공》과 함께 시대의 역작이었다.

그리고 1997년 IMF 외환위기를 맞았다. 산업화시대 영자와 같은 저임금 노동력을 바탕으로 압축성장한 대한민국은 영적 부패로 국제금융위기에 내몰렸다. 실업자가 속출했다. 가족 공동체가 곳곳에서 해체됐다. 그 무렵 서울역을 중심으로 노숙인이 급증했다. 역 광장에서 배회하던 노숙인들이 눈을 들었다. 교회가 보였다. 그러나 그들은 구원을 향한 발걸음조차 옮길 수 없었다. 남대문교회가 그들을 찾아가 손을 내밀었다. 우리나라 최초의 노숙인 급식이 시작됐다.

지금도 남대문교회 첨탑 십자가는 빛을 발한다. 하지만 그 빛은 교회 주변 서울스퀘어(옛 대우빌딩), GS역전타워, 밀레니엄서울힐튼 빌딩에 가려 예전과 같은 랜드마크가 되어 주지는 못한다. 2014년 9월 21일 오후 2시 30분. 남대문교회 대예배당에서는 '알렌 선교사 입국 130주년 기념예배'가 열렸다. 앞서 17~19일에는 '한국교회사 특강'이 열렸다.

미국 북장로교 의료선교사 호러스 알렌(1858~1932)은 1884년 9월 20일 제물포항으로 입국했다. 그리고 이듬해 6월 21일 자신의 집에서 한국 최초의 공식 주일예배를 올렸다. 남대문교회와 우리나라 최초의 서양식 국립병원 제중원의 시작을 알리는 예배였다.

알렌은 입국 한 달여 만에 갑신정변이라는 격랑에 직면한다. 이때 김옥균 등 '3일천하' 정국을 이끈 개화파의 무력에 집권세력 실세 민영익이 자상(刺傷)을 입는다. 민영익은 알렌의 도움으로 완치된다. 서양 의술에 놀란 고종은 국립병원 제중원 설립에 박차를 가했고 이를 알렌에게 맡겼다. 제중원 안에는 예배공동체(교회)가 있었고 이 공동체가 발전되어 남대문교회가 됐다. 1887년 세워진 도성 안의 조직교회인 정동교회, 새문안교회와는 그 궤적이 다름을 알 수 있다.

박해를 피하기 위해 병원과 학교를 세워 가며 복음을 전파했던 시기. 알렌 부부의 제중원은 선교센터 역할을 했다. 제중원이 서울

숭례문 모습. 일제강점기 남대문으로 불리기 시작했다.
2008년 화재 발생 후 2013년에 복구됐다. 숭례문을 벗어나자마자
마주하는 남대문교회는 설립 초기 '남문밖교회'로도 불렸다.

최초의 서양식 병원인 제중원(재동, 1885).
초기 제중원은 병원이라기보다 선교사들이 조선의 관리와 만나는 곳이었다.
기독교 예배가 금지된 조선 땅에서 예배를 드리는 서양 선교사와
조선인이 만날 수 있는 유일한 장소였다.
훗날 이 제중원 예배는 남대문교회의 기원이 된다.

구리개 동현(현 서울 을지로2가 부근)으로 확장, 이전한 제중원(1887~1904).

재동, 동현(지금의 을지로2가)을 거쳐 1904년 남대문 밖 복숭아골(현 남대문로5가 연세재단세브란스빌딩)에 정착하면서 교회, 병원, 학교라는 선교의 세 축을 본격화한다. 그 발전된 형태가 오늘날 남대문교회, 세브란스병원, 연세대다.

주일 오후. 남대문교회 손윤탁(59) 담임목사와 송용철(83) 은퇴장로, 김충현(69) 시무장로 등과 함께 남대문교회 '역사 투어'를 했다. 송 장로는 "대한민국 관문 서울역 앞에서 못자리 교회 역할을 한 우리 남대문교회"라는 자부심이 대단했다. 교회 안 역사박물관 전시실에서 그는 감회가 남다른지 가슴 벅차하며 묵상을 했다. 김 장로는 5대째 이 교회를 섬긴다.

제중원 예배공동체 남대문교회는 서울성곽 밖, 지금의 세브란스빌딩을 중심으로 넓게 자리 잡았다. 퇴계로길은 제중원 땅이었다.

"동현 터(현 한국외환은행 본점)만 하더라도 도성 안입니다. 한데 당시 현대식 종합병원 제중원을 남문 밖에 건립하면서 남대문교회도 이전해야 했어요. 많은 교인이 도성 밖으로 나가길 꺼렸어요. 그래서 승동교회 등 사대문 안 교회로 흩어졌죠. 소수만이 남대문교회로 따라 나왔어요."

손 목사의 이 같은 말에는 '세상 속 교회', 즉 낮은 자를 향해 읍성 밖 사람들에게 손 내밀었던 남대문교회 정신이 숨어 있다. 사대문 안과 밖을 구별하는 성곽은 '복음 이전과 복음 이후'라는 경계와 같은 것이었다. 따라서 당시 남대문교회와 교인은 신분과 권위를 버리고 과감히 성령의 사역을 따랐다. 사도 바울과 같이 세상 속을 향해 뛰어든 것이다.

그리하여 서상륜, 함태영, 최용호, 박정찬, 이재형, 김익두, 김

치선 등 신앙의 거목들이 교회를 이끌었다. 그들은 민족 교회 지도자로서 시대의 예언자가 됐다. 성문 밖에서 문고리를 두들기는 예수의 심정으로 구령, 독립, 구제, 순교, 전도를 실천했다. 3·1운동 당시 독립선언서에 서명한 33인 가운데 한 사람인 이갑성, 민족운동가 남궁혁, 초대 보건후생부 장관 이용설, '내 잔이 넘치나이다'의 성자 맹의순 등의 인물도 그들의 바울 신앙에서 나왔다.

6·25전쟁으로 남대문교회는 불탔다. 그리고 1955년 현재 자리에 고딕 양식 석조 건축이 시작됐고 14년 만에 준공됐다. 흰 저고리에 검정 치마 입은 여전도회 집사들이 망태기로 자재를 날라 세운 교회다. "성전 지으면서 빚지면 안 된다"는 배명준 목사의 뜻에 장로와 교인 등이 호응했다. 그래서 14년이 걸렸다. 요즘 한국 교회가 새길 대목이다.

랜드마크 석조 교회당은 이북 실향민들에게 "서울역 앞 남대문교회에서 만나자"라는 관용구를 낳았다. 그만큼 교회는 세상과 함께하며 역사의 고비를 지켜봤다는 얘기다. 지금 남대문교회 주변에는 마을이 없다. 도심 공동화에 따라 교회만 남았다. 그런데도 주일마다 1,500여 명이 출석한다.

"1970년대 강남 개발이 한창일 때 이전 문제가 거론됐어요. 처음엔 이전으로 중심추가 쏠리기도 했죠. 그러나 교회 정신이 훼손된다는 걸 스스로들 느꼈습니다. 80년대엔 한 재벌이 강남 이전을 권했고요. 그런데도 남문 밖 정신을 계승하겠다고 선언한 목회자들이 참 훌륭하다고 생각합니다. 교회 주변을 둘러싼 환경이 열악할수록 소금은 제 맛을 냅니다. 교회는 소금입니다." 송용철, 김충현 장로의 증언이다.

교회는 IMF사태 직후 서울역 등의 노숙인들에게 하루 4천~5천 인분 무료급식을 시작했다. 당연히 교회가 할 일이었다. 하지만 관내 기관장 등이 찾아와 "도시 미관에도 문제가 있는데 왜 교회가 이런 일을 합니까" 하고 말리는 촌극이 벌어지기도 했다. 강남 이전을 접은 남대문교회 정신을 보여 준 사례다. 알렌 입국 130년인 오늘. 상처 받은 영혼 '영자'가 섰던 서울역 광장. 상심한 이들이 지금도 서울역 광장에서 서성인다. 눈을 들면 남대문교회가 있다.

"남대문교회는 개(個)교회가 아닙니다. 한국 교회를 품고 가는 역사 교회입니다. 따라서 신앙의 본질에 충실해야 합니다. 한국 초대

남대문교회.

교회 신앙의 전통과 기본을 적어도 우리는 보여 주어야 합니다.”

손윤탁 목사는 신앙의 본질을 강조했다. 남대문교회가 한국 교회 시작부터 선교와 복음의 중심이었으니 구원의 등대 역할을 해야 한다는 것이다. 그는 〈이스라엘 역사와 세겜 언약〉이라는 제목의 주일 설교에서 “유대인 교과서 첫 장에 ‘과거 우리는 애굽의 종이었다’라고 말하는 교육 방식에 주목해야 한다”며 “과거 역사를 가르치지 않는 오늘의 우리를 반성하고 지금부터라도 교회가 나서야 한다”라고 강조했다.

남대문교회

설립연도 1884

담임목사 손윤탁 현 주소 서울특별시 중구 퇴계로6

- 제중원 시절 기념사진.
- ■ 6·25 이후 천막교회 시절. 숭례문(남대문)이 함께 보인다.

행주교회
경기 고양 행주산성

"언더우드 처치", 제2의 성령의 역사 꿈꾸다

"행주산성에 교회가 있다고요? 그것도 125년이나 됐어요? 언더우드(1859~1916) 선교사가 세웠다니 더 놀랍네요." 행주교회에 대해 이야기하면 대개의 그리스도인이 이렇게 반응한다.

산성 정문에서 1킬로미터 남짓 가면 오른쪽으로 급경사 길이 나타나고 그 길 정상에 오르면 발아래 행주교회 지붕이 보인다. 교회 마당은 흙 마당이다. 그 마당 가장자리에는 밤나무와 감나무 등이 우뚝하다. 녹슨 종탑 꼭대기에 마른 덩굴식물이 종을 감싸고 있다. 종탑 아래엔 교인의 쉼터인 정자가 자리했다. 정자 기둥 사이로 푸른 한강이 도도하게 흐른다. 그 마당에서 몇 계단 내려가면 반듯한 양옥 사택과 작은 마당이 맞춤하게 자리했다. 핸드볼 골대와 합성수지로 만든 미끄럼틀이 덩그러니 놓여 있다.

주일이던 이날, 예배당 입구에서 흰 모시 저고리와 검정 치마를 입은 권사 한 분이 부지런히 인사를 하며 주보를 나눠 줬다. 대개들 승용차로 교회에 닿았다. 정건화(52) 목사는 〈무엇을 염려하십니까?〉라는 제목으로 설교했다. 앞선 찬송은 382장 〈너 근심 걱정 말아라〉였다. 한철근 장로의 기도 후 정 목사는 "염려는 사람을 서서히 죽게 하는 병"이라며 "백합 한 송이가 어떻게 자라는지를 알려 준 말씀에 주목하라" 일깨웠다. 정 목사는 부임한 지 한 달이 되지 않았다. 한강이 보이는 교회와 사택에서 기도하고 잠이 든다고 했다. 새들의 지저귐은 새벽기도 시간을 알리는 하나님의 음성이다.

행주교회는 행주대교 남단에서 북단 방향을 보고 오른쪽 산자락에 자리잡았다. 주봉인 행주산(해발 125미터)이 뻗어 나온 끝자락이다. 언더우드 부인 릴리어스 호튼은 행주대교에 대해 자서전에서 이렇게 얘기한다. "우리의 첫 번째 목적지는 행주였다. 이곳은 서울에서 10마일가량 떨어진 강가의 지저분한 어촌이었다. 이곳에는 콜레라가 유행하던 직후인 1895년 가을에 신화순이라는 조선 사람의 가르침을 통해 전도가 시작됐다"(1928년 발행, 〈조선예수교장로회 사기〉에서).

"1894년에 선교사 원두우(언더우드 한국명)는 전도 방침을 확장하여 서상륜, 김흥경, 박태선, 유흥렬 등으로 경성지방을 전도케 하고 신화순, 도정희, 이춘경 등으로 고양, 김포 등지에 전도케 하니 4, 5개 교회가 신설되고……."

사료에 따르면 행주교회 설립 연도는 1894~1895년이다. 그러나 행주교회는 구술 등을 종합해 설립 연도를 1890년으로 보고 1990년 10월 9일 교회 창립 100주년 기념 예배를 드렸다. 언더우

행주산성 토성의 모습.

드가 행주리에 사는 한귀련 댁에서 예배를 드린 것을 기점으로 삼아 "1890년 언더우드의 주선으로 신화순과 도정희의 전도로 교회가 세워졌다"라고 정리했다. 신화순은 조사(助事, 전도사 격)로 언더우드 사역지인 서울 정동에서 언더우드 등으로부터 복음과 보건 지식을 익혔다. 그리고 전도에 나선 신화순은 서울 연희동 고개를 넘어 행주에 닿아 전염병이 창궐한 행주리에서 복음 전파와 전염병 예방에 힘썼다.

당시 행주리, 즉 행주 나루터는 교통의 요충지였다. 육로가 활성화되지 못한 시절 해로와 수로를 이용한 물자 이동은 보편적이었다. 선교사들은 동력선을 이용해 한강 뱃길을 따라 전도 여행에 나서곤 했다. 행주 나루터는 바다와 강의 경계에 자리한 어업 기지이기도 했다. 조선 최대 나루터이자 어시장인 마포나루 배후 기착지였다. 정동에 정착한 언더우드가 서쪽, 즉 강화와 제물포(인천) 쪽으로 이동하며 교회를 개척할 무렵 자연스레 행주 나루터는 복음 전진 기지가 됐다. 김포제일교회 등이 이 무렵 세워졌다.

고양 지역에선 행주교회가 첫 교회다. 행주교회는 1893년 사산교회(지금의 능곡교회) 분립, 1928년 개화리교회 개척 등을 이어 갔다. 개화리(현 서울 개화동 일대)는 행주 나루터 맞은편이다.

"행주 나루터는 능곡보다 더 번화한 곳이었습니다. 도성 한양으로 통하는 나들목이었죠. 쌀과 소금 거래가 활발했고 어물 도매가 이뤄졌으니까요. 당연히 관청과 서원이 자리했죠. 행주교회는 경기 북부 복음의 전진기지가 됐습니다." 이날 김신규(73) 원로장로는 신앙의 선대와 행주리 옛 풍경을 복원해 냈다. 이곳에서 6대째 예수를 믿는 신앙 명가의 좌장이다.

여덟 칸 초가에서 출발한 행주교회당은 열다섯 칸 한옥, 블록벽
돌 건물 등으로 바뀌며 세대를 이어 왔다. 교회 터도 강변에서 산등
성이로 올라가며 이어졌다. 한강 하구는 수해가 잦아 산등성이가 적
합했다.

"지금이야 제방 때문에 치수가 가능하지만 옛날엔 지류와 수로
가 많아 물난리를 겪곤 했습니다. 그 강과 수로를 이용해 예배를 보
러 오기도 했고요. 저 어렸을 적 한강물이 두껍게 얼면 소가 끄는 우
마차가 다니던 기억이 납니다."

행주교회는 선교 초기 수백 명의 교인들로 늘 넘쳤다. 회당이 비
좁을 정도였다. 그러나 구한말과 일제강점기에 접어들어 육로가 발

행주대교 북단 아래 어선 정박지로 지금도 소규모 어업이 이뤄진다.
멀리 김포대교가 보인다.

행주교회 마당의 종탑.
2016년 행주비전센터가 설립되면서 옮겨졌다.

달하면서 나루터 기능이 급격히 쇠락했다. 어업도 근해 어업 발달로 내수면 어업 규모로 줄었다. 잉어, 웅어, 장어잡이가 고작이었다. 행주산성 또한 초라한 '황성옛터'가 되어 갔다. "1970년대 박정희 대통령이 성역화하기 전까지 초목에 가린 성터였다"라고 김신규 장로가 회고했다. 산성 마을도 한촌(閑村)이 될 수밖에 없었다. 그래도 신앙만은 하늘 아래 물이 한곳에 모이듯(창 1:9) 계속됐다.

"제가 열두 살 되던 해 6·25전쟁이 났어요. 전쟁 전 좌우익 갈등이 마을 안에서도 심했죠. 1950년 6월 말쯤 한강어업조합 간부였던 아버지가 지도면(당시 행정명) 내무서에 끌려가 창고에 갇혔어요. 그것이 아버지에 대한 마지막 기억이죠."

김진옥(74, 전 철도공무원) 은퇴장로의 회한이다. 그는 김신규 장로와 사촌 간이다.

"그런 아버지가 행방불명된 후 어머니(이현순 권사, 94)가 행상으로 자식들을 키웠습니다. 수수쌀 등을 서울 동대문시장에 가져가 팔고 물감, 비누, 실타래, 바늘 등을 떼어 와 마을마다 돌아다니며 파셨죠. 어머니가 지금도 그러십니다. '예수 아니면 내가 그 세월을 어찌 살았을꼬……'"

이야기하던 '늙은 아들'의 눈시울이 붉어졌다. 그는 "우리에겐 교회가 놀이터였던 반면 어머니에겐 구원의 공간이었다"라고 말했다. 전쟁 중 행주리는 참화에 휩싸인다. 인천상륙작전에 성공한 맥아더 사령관은 행주 나루터 건너편 개화산(해발 131미터)에 서울 수복을 위한 진지를 구축했다. 이때 마음이 급했던 교인 하나가 미군에게 잘 보이도록 행주산에 태극기를 꽂았다. 좌익이 이를 인민군에 고발했고 인민군 600여 명이 행주리에 투입된다는 소식이 들렸다. 교회 및 마을이 쑥대밭이 되기 직전이었다.

"남자들은 죄다 강 건너로 피신했어요. 그중 양안준(작고) 장로라는 분이 미군 대위를 만나 손짓, 발짓으로 언더우드 선교사가 세운 교회와 교인이 다 죽게 생겼다며 제발 살려 달라고 애원했죠. 일제강점기 강제징용으로 포로가 되셨던 분이거든요."

미군은 양 장로 애기에 서울로 곧장 진격하려던 계획을 수정, 개화산에 숨겨 놨던 수륙양용전차로 한강 도하를 준비했다. 그 전차가 개화산에서 내려와 물로 '처박히자' 건너편 인민군이 탱크가 수장되는 줄 알고 환호했다. 수륙양용전차를 누구도 본 적이 없기 때문이다.

"미군이 수륙양용전차로 행주리 상륙에 성공했어요. 숲 속에 인민군 시신이 즐비한 것을 저도 보았습니다. 미군 시신도 열두 명쯤 됐어요. 전쟁으로 교회당도 무너졌고요. 김신규 장로 집도 불탔어요."

지금도 교회 인근에 그때 상륙기념비가 있다. 교회를 지키려 했던 교인들의 절박한 호소를 하나님은 당신 방식대로 들어주신 것이다. 강제징용 포로였던 교인 하나가 미군 장교를 붙잡고 "언더우드 처치! 언더우드 처치!"를 외쳤다. 그리고 미군 대위는 그 한마디를 단박에 알아듣고 작전을 변경했다. 훗날 양 장로가 "그 미군 장교가 자신이 언더우드 아들이라고 하는데 가슴이 멎는 줄 알았다"라고 구술했다. 그것이 '역사'가 될 수 없으나 '성령의 역사'가 되기엔 충분하다.

그 행주교회가 지금, 행주대첩을 이룬 권율 장군의 기개를 이어받아 제2의 선교 역사를 꿈꾸며 거기 그렇게 서 있다. 125년 전통의 행주교회 주일 출석 교인은 100여 명 정도다. 오지 아닌 오지의 지역

적 특수성 때문이다. 일단 이 지역은 현지인이 거의 없다시피 하다. 그린벨트 지역으로 묶여 있는 데다가 문화재 보호 구역에 속하기 때문이다. 교통편도 나빠 개인 차량으로 들어오지 않는 한 교회 출석이 힘들다. 수년 전 대중교통이 들어오긴 했으나 자주 있는 편이 아니다. 이러다 보니 고립감 등으로 목회자가 4~5년 주기로 바뀐다. 제자 양육이 그만큼 어렵다는 얘기다. 행주교회와 이웃한 100여 년 전통의 천주교회 교세도 강하다. 최근 부임한 정건화 목사는 이를 정면 돌파해 최고의 전원 교회로 만들겠다고 밝혔다.

"서울 강서와 서대문, 마포, 행신과 일산 등을 배경으로 한 중심에 성읍 교회가 있다는 건 축복이라고 봅니다. 제2의 선교 역사를 쓰기에 충분하죠. 저는 도시 속 전원 교회로 성장시킬 겁니다. 산성 공원과 한강을 품은 교회는 행주교회가 유일할 겁니다. 그만큼 아름답죠. 말씀 중심의 양육으로 젊은 사람들이 찾아오는 교회를 만들 겁니다."

행주교회

설립연도 1890

담임목사 정건화 현 주소 경기도 고양시 덕양구 행주산성로 144번지 31-16

- 현 교회 아래 행주나루 인근 한옥 교회. 일제강점기 때로 추정된다.
- 현 예배당 안에 걸린 교인들의 단체사진. 역시 일제강점기 사진으로 추정된다.

남한산성교회
경기 광주 남한산성

산성리에서 그리스도인으로 산다는 것

요즘으로 치자면 직할시였다. 또 수도방위사령부였다. 경기도 광주시 남한산성을 두고 하는 얘기다. 1636년 12월 청나라 태종이 12만 대군을 이끌고 조선에 침입했다. 이른바 병자호란이다. 인조 임금은 겁에 질려 남한산성으로 피신했다. 경복궁, 종각, 수구문, 살곶이다리, 송파나루 길을 통해서였다. 영의정 김류를 비롯한 500여 명이 뼛속까지 파고드는 추위에 떨며 뒤따랐다. 후금이 명나라를 남쪽으로 밀어내며 국호를 청으로 바꾸었는데도 조선은 대명(大明, 명나라)이 자신들을 지켜 줄 것이라 믿었다. 조선 조정의 사대주의와 세도정치 때문이었다.

김훈의 소설 《남한산성》은 그 치욕의 현장을 작가적 상상력을 통해 불편할 정도로 생생하게 보여 주었다. 백성을 위하지 않는 나라

남한산성 내 호젓한 숲길.

는 나라도 아니다. 그럼에도 백성은 자신을 지켜 주지 못하는 나라를 위해 염원하고 기도한다. 2014년 12월 7일. 절기는 대설. 눈은 오지 않았다. 다만 1636년 12월처럼 삭풍이 몰아쳤다. 지하철 8호선 산성역에서 시내버스가 느린 속도로 산길을 올랐다. 초목의 잎사귀가 모두 져 산등성마루 바닥조차 한눈에 들어왔다.

그해 겨울, 남한산성엔 1만 2천여 명의 병사가 있었다. 1년 정도 버틸 식량만 비축해 났어도 유리한 지형상 싸워 볼 만했다. 하지만 50일치 군량미밖에 없다는 것을 안 청군은 성을 에워싸고 고립시켰다. 인조는 청에 삼궤구고두(三跪九叩頭)한 후 항복했다. 이 남한산성은 2014년 6월 유네스코 세계문화유산으로 등재됐다.

버스가 산성 남문 쪽 산성터널을 지나면 산성 마을이 분지 형태로 펼쳐진다. 마치 가와바타 야스나리의 소설 《설국》의 첫 문장 "국경의 긴 터널을 빠져나오자, 눈의 고장이었다" 같은 느낌이다. 도시의 긴 터널을 빠져나온 시간 여행자가 되는 것이다.

버스가 산성로터리 정류장에서 등산객을 쏟아냈다. 형형색색 등산복에 스틱을 갖춘 이들은 성벽 길을 따라 남한산, 청량산 꼭대기로 향했다. 이 옛 마을엔 청기와 지붕을 인 교회가 있다. 로터리에서 북문을 바라보고 오른쪽으로 200여 미터만 가면 길옆에 남한산성교회가 우뚝하다. 교회 옆엔 남한산초등학교가 자리했다. 학교와 교회 사이엔 연무관(演武館)이 있다. 1624년 축성 때 지은 것으로 추정되는 팔작지붕의 연무관은 문·무과 시험을 보는 장소였다. 무기 시연은 물론 군사 훈련 장소로도 쓰였다.

연무관은 교회와 학교 건물을 내려다보는 위치다. 연무관 마당 앞 안내판에 새겨진 1900년대 초 흑백사진은 아름다운 조선의 한 장

인조는 청에 삼궤구고두(三跪九叩頭)한 후 항복했다.
남한산성은 2014년 6월 유네스코 세계문화유산으로 등재됐다.
산성로터리에서 북문을 바라보고 오른쪽으로 200여 미터만 가면
길옆에 남한산성교회가 우뚝하다.

면이다. 연무관 좌우로 회화나무로 보이는 나무 두 그루가 서 있고
그 앞을 흰 두루마기에 갓 쓴 이가 걸어가고 있다. 그이 뒤로 여자아
이 셋이 옹기종기 모여 공기놀이를 하고 있는 듯하다. 그들 앞으로
누렁소가 한가롭게 풀을 뜯는다.

　이 한 장의 사진 속 왼쪽은 학교, 오른쪽은 교회 건물이 들어섰
다. 사진 오른쪽엔 한옥이 보이는데 바로 지금의 교회 자리다.

　'직할시' 광주유수부는 일제에 의해 쇠락했다. 부청(府廳) 등이
일제에 의해 불탔고 산성은 폐허가 됐다. 1917년엔 산성리에 있던
군청마저 경안리로 이전됐다. 그 경안리가 발전하면서 광주 지역 첫
교회인 광주교회가 설립됐다.

　1921년 5월 5일. 광주교회 전도사 박제상은 산성리에 들어와 복
음을 전했다. 산성 내 사찰만 공식적으로 일곱 개였다. 그런데 이곳

연무관 마당 앞 안내판에
새겨진 1900년대 초
흑백사진은 아름다운
조선의 한 장면이다.
이 사진 속 왼쪽에는 학교,
오른쪽에는 교회 건물이
들어섰다. 사진 오른쪽으로
한옥이 보이는데
바로 지금의 교회 자리다.

에 '서양 귀신'이라니……. 산성 마을 사람들은 "야소에 미친 사람이 들어왔다"라고 했다. 그렇게 시작된 남한산성교회가 일제강점기와 해방, 6·25전쟁 등을 넘기며 93년을 이어오고 있다.

주일이던 2014년 12월 7일, 최영준(42) 목사는 〈롯의 처를 기억하라〉는 제목으로 말씀을 전했다. 최 목사는 설교를 마치고 교회 소식을 전하며 "강원도 산간 지방에 눈이 온답니다. 그러면 우리도 눈 옵니다. 눈과 추위가 만나지 않아야 하는데요"라며 교인의 안전과 건강을 염려했다. 그만큼 산간 마을 교회라는 얘기다. 최 목사는 교회 소식을 통해 크리스마스이브 새벽송 일정을 공지했다. 눈이 올 것 같다는 생각이 들었다.

남한산성은 애초 불력(佛力)의 땅이다. 1624년 총융청 총융사이서 장군이 한양을 지키기 위해 축성하면서 인근 100킬로미터 이내 승려 3천여 명을 모아 벽암대사를 도총섭으로 임명하고 일곱 개의 사찰 건립을 허가하겠다고 밝혔다. 숭유억불을 건국 이념으로 한 조선에서 이례적인 일이었다. 대신 조건이 있었다. 승영사찰(僧營寺刹)이므로 군·종이 연합해 축성에 나서야 한다고 했다. 지금도 망월사, 장경사 등 산성 내 유독 사찰이 많은 이유다.

19세기 전반 무렵에는 천주교 박해 당시 한강 이남 천주교 신자 300여 명이 남한산성 감옥에 투옥됐다가 순교했다. 남한산성교회 건너편 순교자현양비가 아픈 역사를 말해 주고 있다. 서울 청계천 빈민 등을 광주대단지(지금의 성남 구시가)로 몰아내면서 대단지가 가까운 산성 중심으로 미신이 성행했다. 이런 틈을 타 이단 종파가 산성 내에 뿌리를 내리기도 했다.

산성리에서 그리스도인으로 산다는 것은 십자가를 짊어지는 고

통이다. "어머니는 산성 밖 검복리에서 열아홉에 시집오신 분이셨어
요. 아버지는 산성 내 부잣집에서 입양아들처럼 사셨지요. 그 어머니
가 예수를 구주로 영접하셨지요. 저는 어머니 무릎에서 찬송을 듣고
자랐어요. 당시만 해도 겨우 세 집 정도가 섬겼어요. 변변한 예배당
이 없어 이 집 저 집 떠돌며 신앙생활을 했다고 합니다."

　　평생 산성 마을을 떠난 적 없이 살아온 곽차랑(72) 명예장로의
기억이다. 그의 어머니 오창순 권사(2004년 작고)는 남한산성교회의
오늘을 있게 한 몇 안 되는 헌신자다. 곽 장로의 어머니 얘기를 옆에
서 듣고 있던 유옥동(61, 한정식 남한장 대표) 권사는 "어느 날 오 권
사님이 '(교회 건축으로 진) 저 빚을 빨리 갚아 하나님 영광 되게 해야
할 텐데……'라고 말씀하시던 기억이 난다"면서 "그분의 기도 제목
은 '이 외진 곳 성도들 위해 주의 종을 좀 보내 주십사'였다"라고 덧
붙였다.

　　남한산성은 유네스코가 인정하는 세계문화유산이다. 그러나
1960~1970년대까지만 해도 목회자 모시기가 힘든 오지였다. 버스
조차 들어오지 않던 시절, 교인들은 어렵게 모신 목회자를 맞으러 서
울 천호동이나 송파나루까지 나갔다. 장정 걸음으로 두세 시간 거리
였다. 그만큼 목자 세우기가 쉽지 않았다.

　　"교회가 반석 위에 자리한 것은 60년대부터가 아닌가 합니
다. 60년대 초 부임한 최화종 목사님이 교회 부흥에 힘쓰셨거든요.
6·25 때 '빨갱이' 사건으로 교인 등 많은 사람이 희생됐죠. 교회도
불타 없어졌고요. 그 후 최 목사님의 노력 등으로 지금 예배당 아래
'ㄱ'자 한옥을 매입, 이를 개조해 예배당으로 사용했어요. 화목(火木)
을 때던 시절이었죠. 새벽 4시에 일어나 난로에 화목 넣어 새벽기도

회 준비하던 기억이 엊그제 같습니다."

곽 장로는 남한산성관리사무소 직원으로 정년퇴직했다. 그에게 남한산성은 집이자 직장이며, 신앙의 공간이다. 그 신앙은 아들 영근(43, 서울 광진구 좋은교회 부목사) 씨에게 이어졌다. 이러한 신앙인이 있어 남한산성과 남한산성교회는 유구할 것이다. 그들은 억새를 베어 초가 예배당을 이었고, 청기와를 올려 만년의 성전을 다졌다. "환난의 날에 나를 부르라 내가 너를 건지리니 네가 나를 영화롭게 하리라"(시 50:15)라는 말씀을 믿고 따른 그들이다.

남한산성교회는 주일 60~70명이 출석한다. 주일학교 학생까지 포함하면 100여 명이다. 2009년 최영준 목사가 부임한 이후 주일학교가 부흥했고 청년부가 활성화됐다. 남한산성 지역은 산성리를 포함한 90여 개 식당을 중심으로 500여 명의 주민이 살아간다. 남한산성은 1970년대 성남시가 개발되면서 도로가 뚫렸고, 1980년대 수도권의 손꼽는 관광지로 인기를 끌었다.

이 산성 마을에 교회가 하나뿐인 이유가 있다. 서울 영락교회 한경직 목사(1902~2000)는 은퇴 후 이곳 소박한 기도처에서 지냈다. 그의 거처엔 침대와 이불이 전부였다. 어느 교인이 이 마을에 장로교회를 세우려고 했다. 그러자 한 목사는 "성결교회(남한산성교회)가 있는데 그럴 필요가 있소?"라며 말렸다고 한다. 남한산성교회 목회자는 부임하면 반드시 한 목사를 찾아 인사를 했다. 한 목사가 있던 곳은 지금의 영락여자신학원이다.

남한산성교회

설립연도 1921

담임목사 **최영준** 현 주소 경기도 광주시 남한산성면 남한산성로 752

- 6·25 직후 'ㄱ'자 한옥을 매입해 예배당으로 썼다.
  전 교인이 함께한 기념사진인 듯하다.

수원종로교회
경기도 수원 수원화성

복음은 팔달산 위에 걸리고

전쟁으로 성한 데가 없는 폐허. "내 하나님이여 내 하나님이여 어찌 나를 버리셨나이까…… 내 신음 소리가 들리지 아니하시나이까." 그 무렵 전쟁은 정전협정 국면이었다. 전투는 38선 인근에서 국지적으로 이뤄지고 있었다. 피난길 1번 국도가 관통하는 수원. 정조대왕의 화성(華城)은 포격에 무너지고 훼손됐다. 백성은 성벽 위에 채전(菜田) 을 갈아 생을 이어갔다.

정조 이후 19세기. 서세동점의 세계사 흐름에 아랑곳 않고 탐욕과 수탈로 백성을 괴롭힌 조선의 권력이었다. 백성은 도탄에 빠졌다. 그런 조선은 망했고 백성은 일제강점기와 6·25라는 고난을 헤쳐 나가야 했다.

무너진 화성의 꿈. 남부여대 피난길 1번 국도를 따라 내려가다

비바람 피할 첫 도시 수원. 그곳에서 화성과 수원 지역 첫 교회 수원 종로교회를 만났다. 정조가 화성 행차 시 머물렀던 화성행궁. 시민들은 팔달산 성벽 길과 행궁 앞 광장에서 산책을 즐긴다.

그 광장 앞 신호등을 건너면 수원종로교회이다. 오전 11시 예배를 1시간여 앞둔 시각. 노(老)권사 한 분이 전도지를 들고 지나는 시민에게 "하나님 믿고 복 받으세요"라고 인사를 한다. 노권사의 전도지에 익숙한 시민들이 눈인사를 하며 지난다. 산수유가 폈고 봄기운이 완연했다.

교회 남쪽으로 400여 미터에 팔달문이 있다. 뒤쪽으로 수원천이 흐르고 북동 방향 300미터쯤엔 수원 기독교 교육의 산실 삼일학원이 오늘도 여전하다. 하나님 성읍의 이 같은 평화는 생각건대 채 반세기도 되지 않았다.

'1899~2015 민족과 함께하는 수원종로교회.' 교회는 부활절인 4월 5일 이 같은 표어로 창립 116주년 기념예배를 올렸다. 어둠을 몰아내는 참빛, 예수 그리스도를 묵상하는 사순절 직후다. 기념예배에 앞서 특별새벽기도회로 부활의 아침을 준비했다.

옛 유수부가 있던 성읍 수원. 1950년 한국전쟁 때 피난민이 폭격을 피한 들에는 이제 글로벌기업 삼성전자가 들어섰다. 그 들판이 상전벽해가 됐어도 구도심의 수원종로교회는 신앙으로 성소로, 영적 유물로 건재하다. 바람이 동으로 불든, 서로 불든 말씀은 획 하나 변하지 않았다.

1896년 감리교회가 '수원·공주 구역'을 정하고 순회 전도에 나섰다. 두 고을은 경기도와 충청도 중심 도시였다. 왕도 수원은 사대부들의 완고함으로 요지부동이었다. 선교사들은 외곽(동탄 장지리교

정조가 화성 행차 시 머물렀던 화성행궁.
시민들은 팔달산 성벽 길과 행궁 앞 광장에서 산책을 즐긴다.
사진 가운데 푸른 지붕 건물이 수원종로교회이다.

회)에 처소를 삼고 성읍 전도를 위한 기지로 삼았다.

조선의 이데올로기 유교는 '부활의 예수'를 결코 용인하지 않았다. 예수가 만왕의 왕이라니······. 앞서 1866년 천주교 병인교난 때 수원 출신 순교자들이 나왔다. 현 교회 터도 그 순교와 관련 있는 옛 천주교회였다. 1898년 선교사 스크랜턴은 선교보고서를 통해 "아직 수원과 공주, 두 곳 모두 직접적인 사업을 하지 못하고 있으며 도로 양쪽 주변 지방에서만 이루어지고 있다"고 밝혔다.

그럼에도 복음은 달과 별이 되어 팔달산 위에 걸렸다. 그 이듬해 이 구역 담당자였던 스웨어러 선교사는 "상당한 위치에 있는(in influential position) 교인 서너 명이 서울에서 수원으로 이주하였는데 그들을 통해 조만간 사업이 시작될 것으로 기대한다"고 적었다. 한양서 부임한 관료가 예수를 믿게 됐다는 얘기다. 그만큼 수원 유수부 양반들이 완고했다는 얘기도 된다.

그렇게 비밀결사 조직처럼 복음을 전하던 이들은 팔달산 언덕에 선교사가 묵을 집을 사서 첫 기도 처소를 마련한다. 수원종로교회의 시작이다. 감리회의 명을 받아 배재학당 출신 조사 김동현이 처소를 매입했다. 한데 김동현이 체포됐다. 스웨어러가 (석방을 위해) 미국 공사 알렌에게 알리고 도움을 청했으나 되레 꼬여 외교적 사안이 되고 말았다. 정당한 절차를 거쳐 매입한 처소가 거래 무효화됐고 김동현은 옥에 갇히는 상황이 되고 만 것이다.

"화령전에서 너무 가깝다. 사직을 능멸하는 일이다." 수원 양반들은 언덕 처소가 행궁 화령전 코앞이라며 분개했다. 화령전은 순조가 정조의 어진을 봉안하고 제사를 지내던 곳이다. 전근대와 근대의 충돌이었던 셈이다. 교회는 수원 선교를 위해 수령의 퇴거 요구

구도심의
수원종로교회는
신앙으로 성소로,
영적 유물로 건재하다.
여민각(與民閣)에서
바라본 교회.

를 받아들였다.

그리고 화성 북문안 초가(당시 보시동)에 수원의 첫 예배당을 세웠다. 〈신학월보〉는 권사 이명숙·김익회, 속장 이춘원, 유사 겸 훈장 오중협 등이 이끌었다고 기록했다. 설립 과정에서 '상당한 위치에 있는 사람들'이 그 첫 예배당 설립을 비밀리에 도왔다. 성령께서 세운 이들이었다.

1905년 경부선 철도가 개통되면서 수원역이 생겼다. 수원이 교통 요충지가 되면서 교인도 200여 명에 달했다. 미션스쿨 삼일학교도 활기를 띠면서 청년들이 몰렸다. 선교사들은 "예배당이 차고 넘칠 정도"라고 보고했다.

교회는 보시동 초가 교회를 떠나 1912년 8월 북수동 368번지 종로네거리에 도서실과 사교실까지 갖춘 현대식 벽돌 예배당(현 교회)을 헌당했다. 기숙사 건물도 별도로 지었다. 교회는 새 문물의 창구였다. 복음은 가난, 무지, 전염병, 문맹과 같은 악순환의 고리를 끊는 계기가 됐다.

이덕주 교수(감신대, 한국교회사)는 "정조의 지시로 조성된 신도시 격인 수원은 주민 구성과 성격이 복잡했다"며 "이런 점에서 볼 때 교회, 학교, 여성 전도 중심의 기숙사는 지역 복음화와 발전의 교량이 됐고 경기 남부지역 선교에 큰 역할을 하게 된다"고 정리했다.

수원종로교회가 예수의 사랑과 정조의 애민을 바탕으로 민족 교회로서의 자부심을 갖게 된 배경에 민족계몽운동가이자 교육자였던 이하영(1870~1952) 목사를 빼놓고 설명하기 어렵다. 스웨어러 등으로부터 복음을 받아들인 그는 '나약한 사람을 위하여 믿음과 소망과 사랑이 함축된 주의 복음을 전해야 한다'는 확신이 있었다. 그는 수원 자생 그리스도인과 지역선교를 이끌었다.

이 목사는 1904~1910년 사이 현 교회 터의 예배당 헌당, 기숙사 건립, 삼일학교 개교 등을 통해 부흥을 이뤘다. 복음이 서울~수원을 축으로 삼남지방으로 퍼진 최전선이었다.

그 후 이하영은 한국의 예루살렘이라는 평양을 중심으로 목회를 했다. 그리고 진남포 3·1독립만세 등을 주도하다 옥고를 치렀다. "나라를 위하여 백성을 사랑하고 충을 다하여 의를 행한 자에게 이와 같은 징역을 과한다면 나라를 좀 먹고 백성을 해치며 충량을 함해하는 자에 대해서 어떤 율로써 처형한다는 건가!"라고 재판장 앞에서 외쳤다. 그는 평생 약한 자를 위해 싸우다 말년을 수원에 거했다.

그 외에도 김제원, 홍돈후, 임면수, 차희균, 김세환, 이선경 등 민족을 사랑하는 자생 크리스천들이 '3·1독립운동', '국채보상운동', '애국계몽운동' 등을 주도했다.

선대의 민족 교회 정신은 오늘 나눔의 정신으로 이어진다. 전교인 1,100여 명은 노숙인 급식 등을 지원하는 '사랑의 손길'을 800회째 하고 있다. 본당 옆 시은관에서 외부 기관 도움 없이 순전히 교인들 손에 의해서다. 급식 때마다 140~220명이 몰린다. 매주 50여 명의 교인이 투입돼 급식은 물론 독거노인의 반찬 배달까지 한다. 매주 첫 주일 성찬식 헌금은 전액 구제에 쓴다.

교인들은 동네 채소가게 주인이 보내는 채소, 이웃 사찰에서 보내는 쌀 포대 등으로 힘을 얻는다. 이러한 나눔 행사에 '리액션'이 가장 큰 그룹은 교회 청년들이다. 헌금 개념이 약한 그들은 중장년 신앙의 선배들이 팔 걷어붙이는 것을 보고 물질로, 봉사로 나서기 시작했다.

화성 성벽 위 가난한 사람들은 하나님 말씀을 좇아 오늘을 이뤘다. 그들은 가난해도 예수가 그랬던 것처럼 나누는 삶을 살았다. 그러한 예수공동체 수원종로교회가 한 세기를 훌쩍 넘었다. 화성행궁 앞 교회는 역사의 길목 1번 국도에서 그렇게 계속될 것이다.

수원종로교회

설립연도 1896

담임목사 안희선   현 주소 경기도 수원시 정조로 830

- 1953년 미 공군 월워스 병장이 촬영한 수원 화성과 주변 전경.
- ▪▪ 일제강점기 수원종로교회(가운데)와 그 주변.
  지금은 교회 뒤쪽으로 삼성전자가 들어섰다.

죽산교회
경기도 안성 죽주산성

‘일제 귀신’ 물리치고 지은 예배당

세 장의 흑백 사진이 아련한 향수를 불러일으킨다. 경기도 안성 죽산교회 곽병숙(72) 권사가 ‘죽산교회 110년사’ 발간(2011년)을 위해 내놓은 사진을 보면서다. ‘1960년 7월 28일’ 교회 계단에서 찍은 사진 속 인물은 40, 50대의 그 시절 어머니 네다섯 명이다. 40대 어머니들은 스커트에 블라우스, 흰 양말과 고무신으로 단정하게 멋을 냈다. 50대 어머니들은 검정치마에 무명 저고리다.

당시 죽산교회 가는 길 막바지에 70여 개의 계단이 있었다. 첫 계단 왼쪽으로 100여 년은 넘음직한 느티나무가 그들을 맞았다. 마지막 계단을 오르면 왼쪽에 종탑이 있고 거기서 100여 걸음쯤 더 가면 목조 예배당이다.

계단 위에 올라 죽산 읍내를 내려다보며 찍은 사진. 일자 초가 집이 옹기종기 모였다. 초가 사이로 미루나무 가지가 바람에 한쪽으로 휘어졌다. 죽산 우시장이 보이고 그 너머 남산(해발 333미터)이 병풍을 이뤘다. 가난한 시절이라 산은 벌거벗었다. 그로부터 55년이 지났다.

오전 11시 주일 예배를 앞두고 70대 권사님이 옛 계단 길을 몇 번에 나누어 쉬엄쉬엄 올랐다. 뒷짐 지고 성경책 넣은 가방을 든 채였다. 노(老)권사 뒤로 옛 초가는 빌딩으로 바뀌었고 미루나무는 베어졌다. 우시장엔 농협이 들어섰고 남산은 울창했다. 그들이 오르던 70계단은 콘크리트 경사길로 바뀌어 차량 통행이 가능해졌다. 죽산교회는 전망이 좋았다. 지금도 읍내를 한눈에 굽어볼 수 있다.

이 예배당은 우상을 물리치고 헌당됐다. 1953년 영수 정원재 장로 등은 일제강점기 신사 터였던 현 교회 터에 예배당을 건축했다. 죽산리 구 예배당이 6·25 당시 미군의 폭격 여파로 금이 가고 유리창이 파손되는 등 붕괴 위험이 있었기 때문이다. 늘어난 교인을 다 수용하기에도 좁았다. 그들은 면사무소에 몇 번의 소청(訴請) 끝에 건축 허가를 받았다.

하지만 일꾼 사서 건축할 형편이 되지 않아 교인들이 손수 지었다. 서의관 집사가 선산 나무를 베어 건축 자재로 내놓았다. 지붕은 구 교회당 사택 함석을 벗겨 사용했다. 사택에는 초가를 올렸다.

정 장로는 교회 건축을 위해 소 한 필과 논 두 마지기를 팔았다. 당시 경기노회장 전필순(1897~1977, 독립운동가) 목사도 다소의 건축비를 보냈다. 그들은 그렇게 '일제 귀신'을 물리치고 지은 예배당에서 가마니를 깔고 첫 예배를 드렸다.

충북 진천 출신인 정 장로는 1905년 하와이 노동 이민 중 예수

한여름의 죽주산성 성벽.

를 믿었고 1912년 귀국해 경성성서학원(서울신대 전신)을 나왔다. 서울 신설리감리교회(현 보문제일교회) 등을 섬기다 일제강점기와 해방, 6·25 격동기에 죽산 지방의 복음의 씨앗이 되었다.

죽산교회는 충북 첫 교회인 청주 신대리교회의 모교회나 다름없다. 죽산은 구한말까지 한양에서 경상도로 통하는 교통 요지였다. 한양, 판교, 용인, 죽산, 청주, 영동, 김천, 대구로 이르렀기 때문이다. 1914년까지 죽산군이었고 교회가 있는 죽산리는 읍성이었다.

죽산교회는 미 북장로교 민노아(F. S. Miller, 1866~1937) 선교사에 의해 설립됐다. 민노아 선교사는 죽주산성 아래 미륵당이 있던 둔병리(지금의 매산리 비석거리로 추정)에서 사경회를 인도했다. 둔병리 마을 사람 열두 가구 중 열 가구가 신앙을 받아들였다. 이 사경회를 통해 청주 사람 오천보, 문성심, 오삼근 등이 은혜를 받고 신대리교회 공동체를 시작한 것이다. 〈장로회연감〉과 〈그리스도신문〉 등이 전하는 사실이다.

이후 죽산교회는 경기 남부와 용인 등의 선교 거점이 됐다. 1930년 10월 19일 〈동아일보〉가 "죽산 시장에 있는 장로교회에서는 금춘부터 무산아동을 위하야 야학부를 설치하고…… 남녀 학생이 50여 명이라 한다"고 보도할 만큼 문맹 퇴치와 교육 사업에도 열심이었다. 1930년대 말 교인 수는 85명(경기노회 회의록)이었다. 그러나 죽산 3·1운동 만세 이후 일제의 교회 탄압, 전래 종교의 강세로 교회가 위축됐다. 그리고 전쟁 이후 농촌 인구의 급격한 감소로 정체의 길을 걸었다.

죽산교회 110년사 발간 위원들은 이 같은 정체 이유에 대해 '오랜 역사에도 인재를 많이 배출하지 못한 점', '지역사회 봉사에 적극

죽산이 옛 고을임을 알리는 '죽산향교'.
죽산교회와 지근거리다.

오전 11시 주일예배를 앞두고
70대 권사님 한 분이
옛 언덕배기 길을 올라
신축 예배당으로 향하고 있다.

적이지 않은 점'을 꼽았다. 대개의 개교회 발행 교회사가 진솔한 자기 성찰 없이 과장하기 일쑤인 것에 비추어 볼 때 참으로 다윗과 같은 자기 반성적 신앙이라 하지 않을 수 없다.

이 같은 회개는 축복으로 이어졌다. 2015년 3월 1일 주일. 죽산교회는 설립 114주년을 맞아 입당 감사예배를 올렸다. 장 장로 등이 세운 목조교회에서 1978년 콘크리트 건물로 봉헌된 후 세 번째 헌당이다. 면 단위 시골 교회 대개가 교인이 줄어드는데도 죽산교회는 꾸준히 늘었다. 이 때문에 60~70명 기준의 옛 예배당으로는 감당할 수 없었다. 이날 출석 교인은 160~170명이었다.

1960년 죽산교회 예배당으로 오르던 길은 여전하다.
길만 포장됐을 뿐이다. 그 시절 교인들은 이제
80~90대가 되어 여전히 교회를 섬긴다.

교회 성장은 곽 권사와 같은 '기도하는 어머니들'이 있었기에 가능했다. 곽 권사는 죽산교회 초기 교회 터인 매산리에서 10리(4킬로미터) 길을 걸어 출석하곤 했다. 남편 고세희(75) 은퇴장로와 함께 비가 오나 눈이 오나 한결같았다. 부부는 "1남 4녀를 업고 걸리며 흙길을 다녔어도 힘든 줄 몰랐다"며 "그 아들이 신앙 안에서 자라 지금은 대학교수(고윤배, 안산대학 경영학과)가 됐다"고 환한 얼굴로 말했다.

특히 곽 권사는 "하나님, 교회 밑에 집을 주시면 더 열심히 섬기겠으니 제발 먼 길 오가는 자녀들을 위해서라도 교회 바로 아래 집을 주십시오 기도했다"며 "69년 하나님께서 옛 종탑 아래 집을 주시더라"고 회상했다. 이렇게 열심이던 부부의 신앙과 성실함은 교회 관련 사진 한 장 허투루 취급하지 않음으로써 교회사를 쓰는 데 크게 기여했다.

그 시절을 산 박영숙(75) 권사는 "혼자 예배당 마룻바닥에 엎드려 하나님만 붙들고 살았다"며 "너무 힘들게 살아 기억하고 싶지 않을 때가 있다"고 말했다. 경기도 남양주 퇴계원 태생인 박 권사는 결혼 직후인 1971년 죽산에 정착했다. 시아버지가 이 교회에 시무했던 라진교(1965~1975) 목사이다. 때문에 박 권사 부부는 한때 시아버지와 사택에 살기도 했다. "당시 계단 아래 우물에서 물을 길어다 먹어야 했는데 두 번만 왔다 갔다 하면 힘들어 코피가 날 정도였다"며 "물이 귀해 쌀뜨물을 가라앉힌 맑은 물을 쓸 정도였다"고 말했다.

박 권사는 남편이 암 투병을 하면서 연단받았다. 어린 4남매를 기르며 간병하는 날이 계속됐다. "새벽기도에서 하나님을 만날 때면 기분이 날아갔다"며 눈시울을 붉혔다. 결국 남편은 4남매만 남기고 하늘나라로 갔다. "만화방을 차려 근근이 살림을 꾸리는데 도저히

생계가 안 돼 고민하던 차에 친정어머니가 TV를 한 대 사주셨다"며 "요즘 사람들은 상상도 못할 일이지만 TV 수상기가 귀했던 시절이어서 축구 경기라도 할라치면 TV 시청에 10원씩을 받았다"며 옛일을 더듬었다. 만화방을 20년간 했다.

이들 '어머니 세대'의 자식은 이제 어엿한 신앙인이 되어 전통 교회의 후대를 잇고 있다. 죽산에서 나고 자란 모태 신앙의 백옥희(52) 권사는 결혼 전 불신이었던 고융주(58) 씨와 결혼했다. 남편은 장로가 됐다. 이들 외에도 선친의 과수원을 이어받아 농장을 일군 박영각(55) 장로 등이 선대의 신앙을 이어받아 죽산교회를 부흥·성장시켰다. 이제 교회 리더가 된 그들은 그 부모가 그러했듯 성령의 봄바람으로 자식을 가르치고 있다.

죽산교회

설립연도 1901

담임목사 성선복 현 주소 경기도 안성시 죽산면 죽산초교길 64-19

- 예배당 길을 오르던 1960년대 어머니들.
- ■■ 예배를 마치고 집으로 가고 있다.
- ■■■ 아래에서 찍은 교회 가는 길.

교동교회
인천 강화 교동읍성

하루 한 끼만 먹는다면 굶어 죽지는 않을 것

옛 교회 우물터 가는 길엔 잡풀이 무성했다. 우물은 '井' 자 모양의 석재 2단 높이였다. 한데 그 우물 한가운데로 죽은 오동나무 한 그루가 말라 고개를 내밀고 있었다. 꽤 오랜 세월 우물 속에서 자라다 베인 듯했다.

우물 안을 들여다보니 바로 마셔도 될 만큼 맑은 물이 고여 있었다. 나무는 우물 벽 측면을 빠져 나와 우물 밖으로 자라다 등걸이 됐다. 신비했다.

"저쪽에 일렬로 늘어선 나무들 보이죠. 그 아래가 1899년 설립된 옛 교동교회 터였습니다. 당시 감리교 선교사들은 교회를 세우면 반드시 학교도 운영했어요. 문헌에 따르면 오른쪽이 교회 건물, 왼쪽이 4년제 교육기관인 동화학교였습니다."

주일 오후, 인천 강화군 교동면 읍내리 연산군 적거지(謫居地) 앞. 주일 예배를 마치고 길을 안내한 교동교회 구본선(49) 목사는 해박한 교회사 지식을 바탕으로 교동교회 역사를 설명했다. 그는 《한국 교회 처음 예배당》의 저자이기도 하다.

우물은 연산군 적거지 표석 바로 앞에 있었다. 하지만 표석은 적거지라 하지 않고 잠저지(潛邸地)라고 음각되어 있었다. 잠저란 임금이 되기 전 시기에 살던 곳을 말하는데, 연산군은 이곳에서 귀양살이 했으므로 잠저지가 아닌 적거지이다.

"교동 답사 오시는 분들은 연산이 마시던 우물로 압니다. 우물 안 오동나무도 연산군의 원혼이 서린 거라고들 하지요. 하지만 100여 년 전 교회가 교인과 학생들을 위해 판 우물입니다."

예배당과 학교 터는 콩밭이 되어 있었다. 연산군 적거지 일대가 교회 터였음을 알리는 유일한 표식은 우물이다. 교회 터는 언덕배기였다. 779미터에 이르는 교동 성곽 일부를 담 삼아 건축됐다. 지금은 겨우 밑돌만 한두 군데 남아 있을 뿐이다. 건축물은 남문 유량루 홍예(반쯤 둥글게 만든 문)만 남아 교동읍성이 있던 곳임을 알린다.

교동읍성은 조선 인조 7년(1629년)에 쌓았다. 이 성은 삼도수군통어영(三道水軍統禦營) 본진 주둔지였을 만큼 성세가 대단했다. 그러나 구한말과 일제강점기를 거치면서 읍성은 폐사지처럼 변했다. 유일하게 남았던 유량루마저 1921년 폭풍우에 무너져 버린다. 홍예는 1975년 복원했다. 남왕국 유다의 멸망 때 같았다. '산천과 인걸이 간데없는' 조정의 신세가 강화도 옆 교동도에까지 미친 것이다.

"저 아래 포구 보이시나요? 건너편 섬이 강화도입니다. 저 포구는 교동도 복음의 첫발을 뗀 남산포라는 곳입니다. 교회에서 1킬로

남문 유량루 홍예(반쯤 둥글게 만든 문)만이
이곳이 교동읍성이 있던 곳임을 알린다.

상룡리 옛 교동교회 예배당. 한때 이 교회 앞에 온천수
'마라의 쓴물'로 운영하는 온천이 있어 관광객을 불러 모으기도 했다.

미터쯤 떨어진 곳입니다. 1899년 8월, 강화도 첫 교회였던 홍의교회
(1896년 창립) 신자 권신일, 황브르스길라(본명 황신애) 부부가 교동도
섬 주민 구령(救靈)을 위해 들어온 거죠."

당시 선각자 권신일(1855~1927)은 교동도와 그 일대 섬 선교를
결심하고 아내에게 이렇게 말한다.

"이사하는 것이 우리에게 고난이 될 수도 있소. 그리고 하루 한
끼만 먹게 된다면 굶어 죽지는 않을 것이오."

부부는 유량루를 지나 읍성 연산군 적거지 옆 초가를 빌려 예
배를 드렸다. 그리고 하루 한 끼를 먹어 가며 전도에 나섰다. '사랑
방 전도'였다. 훗날 목사가 된 권신일을 두고 미국 감리교 선교사 엘
머 케이블은 본국에 보고한 선교 편지를 통해 "열정적인 신앙인"이

라고 표현했다.

"권신일은 이교도 사랑방에서조차 예수 이야기를 했다. 그러면 그들은 그런 얘기 듣기 싫으니 오지 말라고 했다. 권신일이 그들에게 말했다. '나는 여기에 세워질 그리스도의 교회를 위해 재목을 찾고 있다. 여러분처럼 훌륭한 재목을 발견했을 때, 여러분이라면 그것을 악마의 부엌에서 불쏘시개가 되라고 버려 두겠는가? 나는 그렇게 할 수 없다. 내일 다시 보자'라고 말하고 다음 날 다시 가서 다른 이야기를 전해 주며 설득하곤 했다."

그 교동교회는 "(우리가 방문했을 때) 교회당은 만원이었고 안으로 들어갈 수 없는 사람들을 위해 멍석이 마당에 펼쳐져 있었다. 세례받을 공간이 없어 밖으로 나가야 했다"(1907년 엘머 케이블 선교 보고) 할 정도로 부흥했다. 이해 교인이 660명이었다. 1904년 서한리(지금의 서한교회)와 인사리(인사교회)에 각각 분립 교회를 세웠음에도 차고 넘쳤다.

"열정적인 신앙인 권 목사와 '전도 부인'으로 불린 황브르스길라가 있었기에 가능했던 일이라고 봅니다. 두 사람은 시간과 장소, 여건을 초월해 몸을 바쳤거든요."

황 전도부인에 대한 존스 선교사 선교보고를 보자. "교동 사역자의 아내(브르스길라)가 여인들에게 전도하는 것을 자주 보곤 한다. 그녀는 우물가의 여인들이 빨래하면 함께 빨래를 했다. 수가성의 주님처럼 우물가가 강대상이 되고 빨래하러 온 여인들이 그녀의 회중이 되었다."

그러나 1919년 3·1운동을 전후로 한국 교회는 위축되기 시작했다. 일제의 박해가 첫 번째 원인이었다. 교동교회 역시 쇠퇴하기 시작했다. 강화 출신 기독교인이자 독립운동가 이동휘 등을 중심으로 한 강화 지역 독립운동의 영향으로 일경의 탄압이 가혹했다.

교동에서도 네 차례 3·1 만세 시위가 있었다. 문헌과 구술에 따르면 기독 지식인 황인섭과 이교수라는 인물이 만세 시위를 주도했다. 이 가운데 황은 사회주의자였다. 일경은 사회주의 확산에 민감하게 반응했다. 일제는 유·무형의 압력을 가해 주민의 교회 출석을 막았다. 훗날 황인섭은 월북했고, 6·25전쟁이 터지자 그와 관련된 사람들이 목숨을 잃기도 했다.

이 밖에도 인천과 강화 지역 기독교인을 중심으로 한 우리나라 첫 해외 이민 합류, 성공회의 부흥, 가뭄과 태풍 등으로 인한 흉년 등이 교동교회 위축을 불렀다. 이 바람에 1912년 열한 곳이었던 교동 지역 예배당이 1920년 여덟 곳으로 줄었다. 교인은 2,300여 명에서 900여 명으로 떨어졌다.

"일제가 민족운동이 활발했던 강화, 교동 지역 감리교회를 노골적으로 탄압했어요. 결국 교동교회는 1933년 성읍을 벗어나 2킬로미터 떨어진 상룡리로 예배당을 이전해야 했습니다. 성읍 읍내리 교인이 한 사람도 없고 상룡리 주민만 출석했거든요. 편의상 옮겼습니다. 그때 교회 건물 그대로 옮겨 복원한 예배당이 기독교문화유적 반열에 오른 지금의 '상룡리 옛 교동교회 예배당'입니다. 남녀가 유별하도록, 들어가는 문이 다른 예배당이죠."

한때 이 교회 앞에선 온천수 '마라의 쓴물'로 운영하는 온천이 있어 관광객을 불러 모으기도 했다. 그러나 지금은 박 씨 일가가 손을 뗀 후 한 장로교인이 옛 예배당만을 보존, 관리하고 있다.

교동교회 성쇠가 또 한 차례 두드러졌던 것은 전쟁 직후다. 분

5일장이 열렸던 시장은 한적하기 그지없다.
옛 시장 흥취를 즐기기 위한 관광객이 오갈 뿐이다.

교회 터는 언덕배기였다.
779미터에 이르는 교동 성곽 일부를 담 삼아 건축됐다.
지금은 겨우 밑돌만 한두 군데 남아 있을 뿐이다. 사진은 현 교회 모습.

단 전 황해도 연백이 생활권이었기 때문에 전쟁 피난민이 많았고, 이 때 북한을 탈출한 기독교인이 대거 몰렸다. 섬 주민이 1만 5천여 명에 달할 정도였다. 상룡리 옛 예배당 주일예배엔 성읍 안이 아님에도 150여 명이 주일성수를 했다.

그러나 이후 섬 인구 감소와 함께 교인이 급감했다. 엎친 데 덮친 격으로 1979년엔 일부 교인이 교동제일교회라는 이름으로 분리해 나갔다. 그럼에도 하나님은 교회를 멸망하게 두지 않으신다. 미련한 자의 입(잠 10:14)을 닫게 하고 겸손으로 존귀의 길잡이(잠 18:12) 삼아 분리된 두 교회가 대화합을 이뤘다. 현 교회당은 1991년 헌당됐다.

성읍 교동교회는 부흥을 앞두고 있다. 2014년 7월 1일, 강화도와 연결된 교동대교가 개통됨으로써 섬이 육지가 된 것이다. 이 변화는 이 지역 모교회 교동교회뿐만 아니라 교동도 열두 교회에 '100년만의 부흥'의 기폭제가 되고 있다.

교동교회

설립연도 1899

담임목사 구본선 현 주소 인천시 강화군 교동면 교동남로 432

■ 초가지붕과 나무 종탑을 배경으로 기념 사진을 남겼다.
■■ 1960년대 교동 지역 사경회를 마치고 찍은 사진.

강원 지역

간성교회
강원 고성 간성읍성

115년 지켜온 신앙

강원도 고성군 간성읍 간성초등학교 자리는 1900년 무렵 좌수 벼슬을 하던 함씨 양반의 와가(瓦家) 16채가 모여 있는 대저택이었다. 어느 날 그 좌수 집 여종이 집 뒷동산에 있는 간장독에 간장을 뜨러 갔다가 고목에 숨어 있는 범을 발견하고 소스라치게 놀라 간장 종지를 버리고 뛰어 내려왔다. 이 소리에 호랑이도 놀라 좌수 집 마구간으로 숨었는데 이 호랑이를 머슴들이 합세해 때려잡았다. 한데 이후 좌수 집은 인명 사고가 나고 재산이 줄어들어 결국 망했다. 이후 사람들이 흉가라고 여겨 살려 하지 않았다.

1901년 7월 17일 함경도 원산에 본부를 둔 미국 남감리교 선교사들이 흉가의 일부를 사들여 예배 처소로 삼았다. 이 일행은 로버트 하디(한국명 하리영, 1865~1949) 선교사 팀으로 추정된다. 이 일화는 훗날 간도 용정에 선교사로 파송된 이 교회 출신 남경순의 기억이다. 남경순은 간성과 가까운 함경남도 원산 루씨학교(감리교 설립 근대 여성 교육기관)를 18세에 졸업하고 1904년 간성교회가 설립한 학교에서 교편을 잡은 인물이다.

흉가 사건 직후 함씨 집안 큰아들 함인찬이 예수를 믿었다. 그의 부인과 고모는 원산 유학을 통해 전도 부인이 됐다. 그러던 중 1939년 2차 세계대전이 발발했다. 일본은 1941년 미국을 공격, 이른바 태평양전쟁을 일으켰다. 그 여파는 간성에도 미쳤다. 1941년 그 첫 예배당 간성교회를 보통학교(현 간성초교) 부지로 빼앗은 일본은 이전한 'ㄱ' 자 초가 예배당조차 보통학교 교실 부족을 이유로 빼앗고 폐쇄시켰다. 간성교회 성도들은 숨어 다니며 예배를 드렸다. 예배당이 없어도 예배는 계속됐다. 이것이 간성교회 신앙의 역사다.

2015년 여름 어느 주일 오후였다. 70~80대 권사 10여 명이 그 호랑이가 나오던 동산 위에 우뚝한 간성교회에 모여 '눈물 나는' 믿음 생활 이야기를 했다. "우리가 살아온 것은 주님의 기적"이라고 말하는 이들이다. 그 가운데 최금자 권사의 기억은 우리 민족의 한(恨)만큼이나 애달프다. 남북 분단이라는 '흉가'를 만드는 하나님의 속내를 우리가 알 수 없기 때문이다.

"열두 살 무렵이었을 거예요. 6·25전쟁으로 피란을 갔다 오니 간성읍내가 쑥대밭이었어요. B-29 폭격으로 커다란 웅덩이가 곳곳에 생겼더라고요. 옛 교회당도 있을 리 없죠. 그런데 동산에 오르니 국군 공병대가 교회를 짓고 있었어요. 어린 마음에도 그 모습을 보니 왜 그리 눈물이 났나 몰라요."

최 권사가 목격한 공병대에 의한 교회 건축은 1953년 10월 수

2015년 간성교회 본당과 교회 마당의 종탑.
본당은 현재 공사로 철거되었다.

복 이후로 보인다. 전쟁 전까지 간성은 38선 이북 지역이어서 북한 치하였다. 자료에 따르면 육군 제15사단 사단장이 기독교인이었고 군목 최종철 목사에게 돌집 교회 건축을 요청했다. 돌 벽에 함석 지붕을 올리려 하자 "함석이 오래 못 가니 기와로 바꾸라"는 지시까지 했다고 한다. 사단장은 교회 헌당 후 이를 간성교회 성도들에게 넘겨줬다.

1941~1953년은 최 권사를 비롯한 노(老)권사들에게 광기의 시대였다. 1901년 설립된 간성교회는 일제강점기 말 폐쇄되었다가 광복이 되고 다시 예배가 시작됐다. 하지만 그것도 잠시, 소위 38선 이북이었던 간성은 예배가 허용되지 않았다. 그들은 또다시 해방 전처럼 카타콤 성도가 되어야 했다.

강원도 고성군 간성읍 간성초등학교.
1900년 무렵에는 좌수 벼슬을 하던 함씨 양반의 와가(瓦家)
16채가 모여 있는 대저택이었다. 간성교회가 세워졌던 터전이다.

읍성 관아가 있던 곳임을 알리는 고목. 고성군청 마당에 자리하고 있다.
나무 사이로 간성교회 십자가가 보인다.

"전쟁이 나고 아버지(최병영)는 일가친척을 먼저 남쪽으로 보내고 북한 탈출을 결심했어요. 한데 몇 번 가족과 함께 탈출을 시도하다 살이 도져(초상집에 다녀오면 피를 토하고 몸져눕는 아버지 상태를 표현) 실패하고 말았어요. 그로 인해 백패(사회주의를 반대하는 사람들)로 찍혀 고초를 당했어요. 아버지는 우차를 이용해 탈출하려다 붙잡혀 공산군에 총살당하셨어요."

아버지가 끌려간 사이 최 권사 가족은 지금의 고성군 보건소 자리 감자 구덩이에 숨어 일주일을 버텼다. 잡히면 몰살이었다. 최 권사의 어머니, 두 형제, 할머니와 고모 등이 그 좁은 구덩이에서 먹지도 못한 채 죽어 가고 있었다. 다행히 국군이 밀고 올라가면서 기사회생했다. 하얗게 뜬 소녀는 기적처럼 살아났다. 하지만 그것도 잠시. 국군이 다시 밀리면서 강원도 원주 서곡리까지 피란을 갔다. "끝도 없이 널브러진 시신을 까마귀가 파먹는 끔찍한 기억밖에 없다"고 소녀는 말했다. 그리고 고향으로 돌아와 공병대에 의한 돌집 교회 건축을 보면서 절로 눈물을 흘렸던 것이다.

유하열 권사는 광복 후 "로스케(러시아 군)가 읍내에 주둔해 짚단 쌓아 놓고 낙법 연습하는 걸 보았다"며 "B-29 폭격기가 읍내를 첫 폭격하는 날 비행기 똥구멍에서 뭘 떨어뜨리기에 삐라인 줄 알았는데 폭탄이었다"고 회고했다. "북한 체제였던 때라 다들 개인 방공호가 있었다." 그들은 전쟁 통에도 현 고성군청 앞 '하리 우물' 옆 성도 집에 숨어 예배를 드리곤 했다.

전쟁을 겪은 이들과 함께 문화재로 보존된 '하리 우물' 옆 예배 처소 자리를 찾았을 때 어느 권사가 한 얘기가 인상적이었다.

"우리가 전쟁을 겪어 봐서 알아요. 지금 전쟁 나면 마실 물 없어

서라도 죽을 거예요. 6·25 때는 곳곳에 이런 우물이 많아 살 수 있
었어요. 지금은 어림도 없죠. 주께 전쟁 나지 않게 해달라고 기도하
고 매달려야 합니다.”

　　전쟁 체험 세대의 '깊은 상처'가 아모스 선지자의 음성처럼 들리
는 건 왜일까. 전쟁 직후 가난을 떨치기 위해 육신이 녹도록 일을 했
다. 그 지친 몸으로 예배당 가마니 위에서, 마룻바닥 위에서 눈물의
기도를 했다. 그 무렵 서울로 향하는 진부령은 헌병의 통제 아래 교
차 통행을 해야 할 만큼 험한 낭떠러지 길이었고, 한번 눈이 오면 지
붕까지 닿을 만큼 폭설이었다. “어느 한 해 심령부흥회를 다녀오니
자식들이 나가지도 못하고 그 눈을 퍼서 밥해 먹으며 버티고 있더
라”고 얘기했다.

　　“59년 무렵 교육자였던 남편을 따라 이곳에 왔어요. 그리고 63
년부터 86년까지 23년간 교회 종을 쳤어요. 새벽 4시면 종소리가 바
다 한가운데까지 닿아 고기 낚던 어부들이 시간을 알려 줘 감사하다
고 인사하곤 했어요”(김연화 권사, 83).

　　“그래도 그때는 형제애가 있어 살 만했어요. 고기만 벗겨도(명태
내장 등을 다듬는 일) 남을 도울 수가 있었으니……”(이신자 권사, 74).

　　“애를 낳으려는데 발에 감각이 없었어요…… 교회로 달려가 주
님께 매달렸어요. 교회 가면 귀신들이 쫓겨나는 역사가 이뤄지곤 했
으니까요”(유하열 권사, 78).

　　“내가 피부병이 재발하곤 했는데 어느 날 무당집 앞을 지나다 시
험을 당했어요. 간신히 떨쳐내고 왔는데 아들이 그래요. ‘어머니, 교
회에 꾸준히 다니셔야 재발 안 해요’라고요. 그 아들이 지금 목사(박
유일, 영월문산교회)가 됐어요”(하광자 권사, 72).

　이런 어머니의 기도로 부흥한 교회는 1970년대에 300여 명이 출석해 모로 앉아야 할 만큼 좁았다. 그러나 명태 어획이 줄고 젊은 이들이 서울로 빠져 나가면서 옛 고을 간성읍성은 인구 5천여 명이 좀 넘는 소읍이 되고 말았다. 교회 식구 역시 줄었다. 어렵게 전도해 알곡 성도가 된다 하더라도 서울, 속초, 강릉으로 나가는 이들을 말릴 수도 없다.

　"115년을 지켜 온 고성 지방 모교회입니다. 여기서 신앙 성장을 이룬 이들이 지금까지는 서울로 나갔지만 앞으로는 원산으로 올라가 전도하는 때가 올 겁니다. 우리는 이를 위해 준비하고 있습니다."

　간성교회 차준만(49) 담임목사 얘기다. 원산에서 내려온 복음이 선교 루트를 따라 되돌아 심령의 처소를 마련한다는 계획이다. 한 세기 동안 간성교회는 동해 북부권에 산두, 오봉, 가진, 대대, 동호, 공현진, 고성교회 등 열두 교회를 개척·분립해 가며 모교회 역할을 했다.

　차 목사와 교인들은 월 2회 간성고 4개 반 입시생 모두를 위해 '최고급 도시락'을 싼다. 접경 지역 학생들이 통일의 중요성을 그 누구보다 잘 알고 있으므로 그들이 미래를 위해 어떤 비전을 품는가에 교회와 나라의 운명이 달렸다고 보기 때문이다.

간성교회

설립연도 1901

담임목사 차준만 **현 주소** 강원도 고성군 간성읍 간성로 120

- 하리우물은 고성군이 문화재로 보존하고 있다.
  6·25 중에도 이 우물 옆 한 교인의 집에서 몰래 예배를 드리곤 했다.
- 간성읍성에서 4킬로미터 떨어진 곳에 간성향교가 있다.
  향교 주변은 주로 양반들이 살았다 한다.

삼척제일교회
강원 삼척 삼척읍성

냉대와 멸시를 이겨 낸 이들의 후대

한복을 곱게 차려 입은 이들이 교회 현관에서 반갑게 맞았다. 부활절 아침. 강원도 삼척시 삼척제일교회(박신진 목사)에도 '예수 다시 사셨다'는 기쁨이 넘쳤다. 10여 개 광주리에 '부활 달걀'이 가득했다. 이 땅에 복음이 들어온 1885년 4월 5일도 부활절이었다. 감리교 선교사 아펜젤러와 장로교 선교사 언더우드가 인천 제물포항에 내린 날이다.

제물포에서 삼척까지 자로 대고 그으면 직선 230킬로미터이다. 이 삼척에 복음이 들어오기까지 27년이 더 걸렸다. 1912년 4월 19일 삼척 북평(현 동해시) 출신 한학자 김한달이 삼척군 부내면에 기도처를 정하고 예배를 드렸다. 옛 삼척도호부 동헌 인근이자 관동팔경의 하나인 죽서루 앞으로 추정된다. 김한달은 초대 전도인이 되어 삼

삼척제일교회는 복음의
전진기지가 됐다.
비록 나라는 빼앗겼으나
'하나님 나라'만은
그들의 것이었다.

천곡교회 순교자 최인규 권사의
유해는 한동안 삼척제일교회 마당에
안치되어 있었다. 지금은
예배당 옆 기념비로 남아 있다.

척 김씨 문중을 중심으로 전도를 했다. 미신이 유독 강했던 바닷가 고을인지라 냉대와 멸시가 따랐다. 김한달은 이에 굴하지 않고 울면서 예수 부활을 얘기했다. 그의 별명이 '울벵이 전도사'였다.

그 기도처는 오늘 삼척 지방의 모교회가 됐다. 1천여 명 재적의 큰 교회다. 시작은 다섯 명이었다. 박신진 목사는 이날 〈부활절에 있었던 일〉이란 제목으로 말씀을 선포했다. 본당 1, 2층이 꽉 찼다. 소도시의 주일 아침은 조용했으나 교회는 기쁨이 넘쳤다.

박 목사는 "죄악을 이기고 승리하신 소식, 죽음을 이김으로 생명과 창조의 기운이 가득하게 된 일, 절망이 변하여 희망과 기쁨이 된 것, 이것을 스스로 깨닫고 전하라는 것이 부활의 메시지입니다"라고 전했다.

냉대와 멸시를 이겨낸 이들의 후대. 이들은 이날 오후 2시 삼척 문화예술회관에서 열리는 부활절 연합예배를 주관했다. 삼척 관내 54개 교회가 '서해 제물포에서 동해 땅끝 삼척까지' 복음이 완성됐음을 선포한 것이다. 연합회장을 맡고 있는 박 목사는 〈주와 함께 살리라〉는 설교를 통해 사망 권세를 이긴 예수를 증언했다.

예술회관 앞은 삼척 시내를 관통하는 오십천이 흐른다. 태백산맥에서 흘러내린 물이 바다와 맞닿는 곳이 삼척 시내다. 예술회관 건너편 오십천 절벽 위로 보물 213호 죽서루가 위풍당당하다. 조선시대 삼척도호부 객사 진주관의 부속 건물이었다. 삼척 사대부와 이곳을 찾은 시인 묵객들의 휴식 공간이 죽서루였다.

조선 동해 바다를 지키던 삼척읍성. 그러나 그 성읍은 19세기 말부터 급격히 무너졌다. 1910년 한일병합으로 국권도 잃었다. 그리고 광물 자원이 풍부한 삼척 일원은 일제의 병참 지대가 됐다. 수탈이 일상화됐다. 이 고을 백성은 길고 어두운 구름이 태백산맥을 넘어오는 것을 속수무책으로 바라봐야 했다. 동헌이 식민지 군청이 되고, 크고 작은 관아 건물이 헐리거나 도로로 바뀌었다.

고을 사람들은 희망을 잃었다. 누구도 그들을 구원해 주지 못했다. 더구나 삼척은 한반도의 오지였다.

그 땅에 1912년 복음이 들어왔다. 그해 4월 14일 저 서구에선 호화 유람선 타이타닉 호가 침몰해 1,500여 명이 하나님의 가호를 빌며 죽었다. 그 닷새 후 저 조선 동쪽 끝 옛 고을에 찬송이 처음으로 울려 퍼졌다. 하나님 시간의 시작이었다.

이듬해 5월, 삼척의 첫 교인들은 한식 목조 세 칸 집을 처음 매입하여 기도처가 아닌 예배당을 열었다. 그리고 이듬해 목조 여섯 칸을 구입했다. 다시 이듬해 목조 여덟 칸을 매입해 반석 위의 예배당을 열었다.

이렇게 시작한 성내동 6번지 삼척제일교회는 죽서루와 오십천, 그리고 읍내를 눈아래 두고 복음의 전진기지가 됐다. 첨탑이 우뚝했다. 비록 나라는 빼앗겼으나 '하나님 나라'만은 그들의 것이었다.

삼척 첫 기독교 교육기관은 1925년 4월 15일 개교한 삼성유치원이다. 죽서루 앞 6번지에 현대식 2층 예배당을 헌당한 이후였다. 이 현대식 예배당이 언제 헌당됐는지는 자료 부족으로 알 수 없다. 다만 1943년 5월 발행된 〈조선감리회보〉 제1권 5호에 따르면 "1933년 3월 30일부터 4월 4일까지 새 예배당에서 전도대회를 개최하였다"고 기록되어 있어 그 이전으로 추정할 뿐이다.

당시로서는 랜드마크가 되기에 충분한 2층 건물은 위층이 예배당, 아래층이 유치원으로 사용됐다. 유치원은 1930년대 말 공립 직

업학교(현 강원대 삼척캠퍼스 전신) 교사로 쓰이기도 했다. 목조 벽체에 함석 지붕을 얹은 일본식 건물이었다. 헌당과 함께 전도집회를 열어 새신자 32명을 얻게 됐다는 기록이 있다. 이 기쁨에 '장임옥 내외는 십일조(를 내고 이와 함께)와 돼지새끼 날 때마다 첫 것은 하나님께 바치기로' 서원했다. 교회 성장기였다.

이 무렵 교회는 당시 관내에 있던 북평교회, 천곡교회 등과 연합 야외예배를 추암리 능파정에서 갖기도 했다. 이듬해 10월에는 이 예배당에서 지방교역자 수양회를 열기도 했다.

1930년대 삼척은 일제의 수탈을 위한 광업도시였다. 서해안 군산이 농산물 수탈지인 것과 같았다. 〈조선감리회보〉는 "금 은 동 철

을 산출 중이고 무연탄을 300년간 생산계획"이라는 내용을 선교보
고에 담았다. 현 태백시가 당시 삼척군에 속했으므로 무연탄 생산량
이 많았다. 광물은 삼척, 해산물은 묵호·북평항을 통해 수탈됐다. 이
시기 교회는 순회 사경회를 통해 구역 내 천곡, 옥계, 묵호, 북평교회
등을 돌며 영적 추수에 나섰다.

그러나 1944~1945년 신사참배 강요 등으로 교회가 통폐합되
거나 관제 교회만 남게 됐다. 삼척제일교회는 폐쇄의 길을 택했다.
한기모 목사는 폐쇄된 교회에 끝까지 남아 통분의 기도를 하다 연행
되어 고초를 당했다. 신사참배 과정에서 삼척 구역의 천곡교회 최인
규 권사가 "하나님 외에 왕은 있을 수 없으며 인간 천황에게 절할 수
없다"며 끝까지 저항했다. 그는 대전형무소에서 옥살이하다 후유증
으로 순교했다. 그 유해가 한동안 삼척제일교회 마당에 안치되어 있
었다. 지금은 그 기념비만 새 성전 마당에 서 있다. 한편 일제는 삼척
제일교회 예배당을 '강원도 토목관구 사무소'로 사용했다.

주일 오후 목양실. 윤순자(81)·신복남(77) 원로권사, 이상교(69)
시무장로가 광복 이후의 신앙생활을 얘기했다.

윤 권사는 원주에서 중학교 교사인 남편을 따라 6·25가 끝나고
삼척에 들어와 이 교회를 섬겼다. 교사 부부였다.

"가난한 시절이었어요. 모든 게 부족했고요. 함석 지붕 예배당에
들어가면 마음이 편했습니다. 그런데 다시 외지로 발령이 났어요. 참
가기 싫었죠. 월정 헌금도 못 내고 가게 됐는데 '주님, 꼭 다시 와서
바치겠습니다'라고 다짐했어요. 그걸 이뤄 주시더라고요."

신 권사는 기도의 여인이었다. 매일 밤 8~12시, 찬바람 숭숭 드
는 목조 예배당 바닥에 엎드려 눈물의 기도를 하곤 했다.

"강단 앞에 멍석을 깔고 매일 울며 기도했어요. 예배당 이웃 사는 분들이 시끄럽다며 목조 건물에 신발을 던지던 기억이 나네요. 그만큼 간절히 매달렸어요."

이상교 장로는 삼척산업대(옛 공립 직업학교 · 현 강원대 삼척캠퍼스) 교수로 근무하면서 교회를 섬겼다. 1987년 죽서루 앞 교회가 지금의 자리로 옮기기 전까지 교회 근처 관사에 살면서 학원 선교 등에 힘썼다. 삼척제일교회 청년부는 그의 학원 사역 열매이기도 하다.

"저를 통해 예수 복음을 받아들인 학생 가운데 목회자가 되고 장로가 된 이가 많아요. 네비게이토 교재 등을 이용해 공부시켰어요. 죽서루를 거닐며 청년들과 교제를 나누던 것이 엊그제 같습니다. 그들이 한국 교회 장년이 되었지요."

그와 함께 콘크리트 다리 죽서교를 건넜다. 삼척시 부활절 연합예배에 참석하기 위해서였다. "예전엔 흔들거리는 출렁다리가 유일했어요. 한 사람이 겨우 지날 정도로 좁았죠. 지금은 넓은 다리로 이렇게 차를 타고 건넙니다. 한데 세상은 좋아졌으나 안타까운 점도 많아요. 예전 부활절 연합예배는 야외에서 수천 명씩 모여 뜨겁게 기도했는데 요즘은 그렇지 못해요. 한국 교회의 현실인 것 같습니다. 생명의 다리를 건넌 후 자신을 건네 준 그 다리가 예수의 보혈이라는 걸 잊은 거죠."

삼척제일교회는 '전도대' 활동을 최우선으로 한다. 지난 7일에도 교육관에서 전도대원과 교구장, 선교회장이 참석해 집중 점검과 기도회를 마쳤다. 그들은 핍박받던 '이집트 포로 시절'을 기억하고 있었다. 기도와 전도는 시작과 끝이었다.

삼척제일교회

설립연도 1912

담임목사 박신진 현 주소 강원도 삼척시 중앙로 240

■ '삼척야소교'가 유치원 설립 1주년을 기념해 사진을 찍었다.
■■ 1934년 당시 교인들이 모여 찍은 사진.

강릉교회
강원 강릉 강릉읍성

예수의 이름으로 제거한 성황목

강원도 강릉 서부시장에 내렸다. 광복절을 하루 앞둔 날이었다. 이날 오전 서울을 출발한 고속버스는 빗길을 막힘없이 달려 3시간여 만에 강릉고속버스터미널에 도착했다. 시내버스로 환승하자 강릉성결교회가 있는 서부시장 정류장까지 10분도 걸리지 않았다. '강릉읍성 임영관' 등을 알리는 관광안내 표지판이 나타났다.

1923년 3월. 경성성서학원(현 서울신대 전신) 학생으로 구성된 지방 전도대가 대관령을 넘어 영동 지방의 관문인 강릉에 도착했다. 성결교 영동 지방 모교회인 강릉교회 시작을 알리는 첫걸음이었다. 강릉교회 주보는 이 무렵을 기점 삼아 교회 창립일을 3월 23일이라고 밝히고 있다.

일제강점기, 그 먼 강릉 지방까지 어떻게 전도대가 복음 여행을 떠났을까 쉽게 상상이 가지 않는다. 〈한국성결교회 70년사〉 등에 따르면 당시 성서학원은 오늘과 같은 전문적 신학교육 위주가 아니라 실천적인 복음 전도였다고 전한다. 지방 전도대 등을 통한 전도가 그 무렵 불길처럼 번졌다.

그 성서학원 14회 졸업생 26명 가운데 전도사 차진학이 있었다. 그는 졸업한 해 9월 서부시장 자리에 있던 박신동의 집을 기도처 삼아 강릉교회 첫 예배를 드렸다. 교자상 하나 놓고 드리는 한국 초대 교회 예배 광경이었다. 〈조선야소교 동양선교회 성결교회 약사〉(1929)에는 그 주소가 "강릉군 강릉면 용강정 28번지"라고 적혀 있다.

신여성 백신영은 '예수의 이름으로!'
성황목을 제거했다.
그러자 교인들이 인부를 대신해
회당 건축에 뛰어들었다.
그 자리에 세워진 현재 강릉 예배당.

강릉은 조선 말까지만 해도 강릉도호부가 있는 강릉부였다. 하지만 1910년 일제 강점 시작과 함께 면 단위로 격하됐다. 행정치소 강릉읍성 역시 일제의 ‘조선역사 지우기’ 정책에 따라 읍성 내 행정관청과 성읍 민가가 속속 허물어지고 흩어졌다. 읍성 건축물 가운데 유일하게 살아남은 것이 국보 제51호로 지정된 임영관(臨瀛館) 삼문이다. 읍성 내 호적 및 병무 행정을 집행하던 칠사당은 일본 수비대가 접수했다. 동헌 및 객사는 각기 면사무소 및 보통학교(초등학교) 등으로 쓰이다 헐렸다.

강릉교회는 그 암울한 근대의 시작과 함께 임영관에서 100여 미터 떨어진 성읍 내에 기도처를 세웠다. 그런데 강릉 유생들은 차 전도사를 ‘차 선생’이라 부르며 은근히 경계했다. 유생 체면에 대놓고 야소쟁이라고 하지는 않았으나 ‘차 선생’이라는 호칭엔 묘한 반감이 담겼다. 유생들은 교회가 예배 처소를 구하지 못하게 할 만큼 읍민들에게 영향력을 행사했다. 차 전도사는 빌립보에서 복음을 전할 방도를 몰라 전전긍긍하던 사도 바울의 심정이 돼 애가 탔다. 하지만 성령께서 옷감 장수 루디아의 마음을 열었듯 ‘용강정 28번지’ 집주인 박신동의 마음을 열었다.

그 뒤로 차 전도사와 여전도사 백신영은 교회 부지로 읍민이 소유를 꺼리는 성황당 터를 겨우 매입했다. 그 터는 금기 지역이다 보니 자연히 개똥밭이 되어 있었다. 그 자리엔 죽은 성황목이 있었다. 한데 인부들이 해를 입을까 ‘신목(神木)’을 제거하지 못했다. 신여성 백신영은 ‘예수의 이름으로!’ 성황목을 제거했다. 그러자 교인들이 인부를 대신해 회당 건축에 뛰어들었다. “무릇 하나님께서 난 자마다 세상을 이기느니라”(요일 5:4)라고 했는데 그들은 능치 못할 일이 없었다. 흙벽돌에 양철 지붕을 한 20평(66제곱미터) 남짓의 작은 예배 당이었다. 현 교회 건물 자리다.

1930년대 조선 민중은 의지할 곳이 없었다. 일제의 수탈은 기 복신앙을 더 강화시켰고 기독교 복음을 발붙이지 못하게 했다. 이때 '강릉교회 신앙의 어머니'로 불리는 이가 나타나 회개 및 기도 운동을 시작한다. 전도부인 이옥근(?~1956)이다. 평북 신의주 출신인 그는 경성성서학원을 졸업하고 1930년 8월 강릉교회에 부임해 노방 전도 와 축호(逐戶) 전도 등을 통해 교회를 성장시켰다.

"이옥근 전도사의 헌신은 전남 신안군 증도의 문준경(1891~1950) 전도사의 순교 못지않습니다. 문 전도사가 이만신, 김준곤, 정태기 목사와 같은 후대들에게 신앙의 본이 된 반면 우리는 그렇게 드러내 지 못한 점이 있어요. 앞으로 '무엇에든지 참되며 무엇에든지 경건 하며 무엇에든지 옳으며 무엇에든지 정결한'(빌 4:8) 이들에 대한 기 림이 있을 줄로 믿습니다. 이옥근 전도사님이나 차진학 목사님, 백 신영 전도사님께 늘 빚진 마음이지요." 강릉교회 이상진(53) 담임목 사의 얘기다.

강릉교회는 두 여교역자들의 통성기도 등으로 급성장한다. "강릉 교회에서는 1월 7일로 11일까지 김응조 목사의 인도로 부흥회를 열 고…… 강릉에서는 유사 이래로 가장 큰 불길의 집회였는데……"(성결 교 기관지 〈활천〉 1934년 4월 호)라고 할 만큼 1930~1940년대에 복음 의 꽃을 피웠다. 그러나 나라 잃은 백성에게는 신앙의 자유도 허락 되지 않았다. 일제는 민족의식을 고취한다며 구약을 폐기시켰고 어 용 기독교단을 만들어 복음을 사문화했다. 특히 재림사상이 강한 성 결교회는 해산 대상이었다. 1943년 12월, 일제는 날조된 '성결교해

고려·조선 시대의 객사 임영관. 관액(館額)은 고려 공민왕이 썼다고 한다.

산성명서'를 통해 사중복음의 재림론이 일제의 국체와 맞지 않는다 하여 성결 교회에 '성경 수호자'라는 죄명을 씌웠다. 교역자와 직분자 등은 검속 대상이었다. 강릉교회 역시 이옥근 전도부인과 제직 10여 명이 검속에 걸려 취조를 당했다. 이부대 권사의 구술 자료다.

"일경 셋이 '이 집이 강릉교인 집이 맞소' 하며 집에 들어오더니 성경과 찬송을 압수했다. 그리고 서에 끌려갔다. 그들은 '이 전도사가 예수 재림과 심판에 대해 설교했는가, 천황을 욕하지 않았는가' 하고 다그쳤다. 평신도였던 나는 풀려났지만 다른 사람들은 수개월간 옥살이를 했다."

결국 강릉교회를 비롯한 성결교단 교회는 1945년 11월 9일 서

울 경성신학교(경성성서학원에서 개칭)에서 재흥총회가 있기까지 폐쇄
됐다. 이상진 목사가 말을 이었다.

"교회가 회복된 후 이옥근 전도사님은 한국의 위대한 설교자 이
성봉 목사를 초청, 사경회를 개최했어요. 신학교 1년 후배였죠. 그때
몰려든 인파로 사경회 장소가 마땅치 않자 용강동 정미소와 잠실(蠶
室)을 빌려 눈물의 사경회를 계속했습니다."

한데 강릉교회의 고난은 여기서 그치지 않았다. 6·25 발발과 함
께 또 한 번 교회가 폐쇄된다. 임수열 전도사와 이옥근 전도부인도
피란을 가야 했다. 그리고 추석 무렵, 숨어 지내던 임수열 전도사가
수요기도회를 이끌기 위해 교회 관사로 들어왔다가 공산당원에게 체
포돼 강릉지역 다른 교회 인사들과 함께 순교한다. 강릉교회는 격동
의 한국 근현대사 속에서 고난을 이겨 나갔다. 피로써 세워진 강릉교
회는 기억해야 할 한국 교회사의 한 장면이기도 하다.

강릉교회

설립연도 1923

담임목사 이상진 **현 주소** 강원도 강릉시 임영로 160

- 1930년대 조선 민중은 의지할 곳이 없었다. 이때 '강릉교회 신앙의 어머니'로 불리는 전도부인 이옥근이 나타나 회개 및 기도 운동을 시작한다.
- 일제의 '조선역사 지우기' 정책에 따라 읍성 내 행정관청과 성읍 민가가 속속 허물어지고 흩어졌다. 읍성 건축물 가운데 유일하게 임영관 삼문(국보 제51호) 만이 살아남았다.

충청 지역

충주제일교회
충북 충주 충주읍성

차령산맥, 소백산맥 곳곳 복음의 젖줄 이어져

역사 도시에는 묵향이 배어 있다. 그 성읍 길을 걸으면 고즈넉한 운치가 삶의 밑동을 일깨운다. 충북 충주제일교회를 찾아 나선 길이 그랬다. 충주는 경남 진주시에 버금가는 충청도 수읍(首邑)이었다. 인구 20여 만의 중소 도시지만 구한말 도청이 청주로 이전(1908년)하기까지 충북도청 소재지였다.

충주예총회관(옛 경무청)에 서자 맞은편 충청감영문을 정문으로 한 관아공원이 한눈에 들어왔다. 공원 안으로 충주목사가 집정하던 동헌 청령헌, 중앙에서 온 관리들이 머물던 제금당, 제금당 부속 건물 산고수청각, 수령 500년의 느티나무가 성상을 웅변하고 있었다.

그러나 이러한 조선의 성읍은, "……오직 지혜 있는 자 같이 하여 세월을 아끼라 때가 악하니라"(엡 5:15-16) 한 그 지혜를 갖지 못

관아공원 안으로 위치한, 충주목사가 집정하던 동헌 청령헌 전경.

해 급격히 무너졌다. 조선의 부패는 매관매직을 낳고 외세를 불러들였다. 그리고 그 고통은 고스란히 백성에게 돌아갔다. 충청감영문을 마주보고 왼쪽으로 300미터쯤 가면 복합상영관 메가박스가 나온다. 이 영화관 뒤편이 충주 제일의 번화가 '젊음의 거리'이다. 커피, 의류 등 각종 브랜드가 이 거리에 늘어섰다. 중원 지방 청년들은 '젊음의 거리'에서 쇼핑을 한 후 영화를 즐긴다. 그들의 동선은 팝콘처럼 가볍다.

한데 그 메가박스 자리가 중원 지방 복음의 시작점임을 아는 사람이 드물다. 중원 지방 첫 교회인 '서문외(西門外)교회' 터다. 지금의 충주제일교회다. 교회는 1993년까지 88년간 그 자리를 지켰다. 그러나 지금, 그 '서문외교회'는 흔적조차 없다.

충주시가 관아를 중심으로 옛 성읍을 복원하면서 각종 표석을 세워 중원 문화의 얼을 기르고 있었으나 전근대와 근대를 가르는 '중원지방 첫 교회'라는 표석은 심지 않았다. 그들 탓이라기보다 그리스도인의 역사 인식 부족 때문이라는 생각이 들었다.

서문외교회는 1905년 김정현 조사에 의해 초가 여덟 칸으로 세워졌다는 것이 정설이다. 그 무렵 사람들은 '서문외교회'라 하지 않고 '서문밖교회'로 불렀다. 그 후 교회 이름은 충주읍교회, 충주제일교회로 바뀌었다.

충주제일교회는 초기 명칭이 말해 주듯 서문 밖에 있었다. 충주읍성 서문 바로 앞에 있었던 것이다. 충주읍성 성곽 안에는 지금의 관아공원과 KT충주빌딩(옛 객사), 충주문화회관, 충주교육지원청, 우체국 등이 있다. 이 현대식 건물은 옛 관아 건물이었다. 관아 건물은 일제 입김에 따라 구성된 '성벽처리위원회'(1907년)가 훼손하기 시작했다. 객사는 초등학교(당시 교현공립보통학교), 동헌은 군청(1983년까지 중원군청) 등으로 사용됐다. 일제의 조선 민족성 말살을 위한 계략이었다.

앞서 충주읍성은 임진왜란 때 철저히 파괴됐다가 병인양요를 겪은 뒤 복원, 개축 등을 거쳤다. 하지만 1896년 유인석 의병부대의 충주성 전투 중 서문을 포함한 대부분 관아 건물이 또 한 번 불타고 만다.

망국을 앞둔 조선. 1885년 기독교의 전래. 그러나 한양에서 이 먼 충주에까지 복음이 미치지 못했다. 때문에 백성은 내세에 의지했다. 그렇게 선교사들이 남한강을 넘지 못하자 충주 지역에선 '태평천국'과 같은 사이비 기독교 종교 집회가 열려 백성을 혹세무민 속으로 빠뜨렸다.

〈그리스도신문〉 1902년 4월 24일자에 실린 "……교회를 빙자하야 가지고 취군작당하야 수백 명을 모흐고 법 업는 일을 만히 행할 때에 그중에 박운이라 하는 자가 잇서 괴수가 되어……"라는 글에서 알 수 있듯 정치, 사법 사안까지 예수 이름을 파는 일이 발생했다. 이에 놀란 조선기독교장로회는 전도인을 충주에 급파, 전말을 파악한 뒤 선교사와 전도인을 남한강 뱃길을 통해 파송한다. 복음은 그렇게 전래됐다.

1905년. 충주에 서문외교회가 세워졌다. 조선인 전도사(조사)를 모신 첫 민족 회중 교회였다. 이러한 충주제일교회의 역사성은 이 교회 첫 목사인 장춘명(1856~1933)에 의해 급속히 중원 내륙으로 뻗어나간다. 장 목사는 협성신학교(현 감리교신학대학) 1회 졸업생으로 첫 부임지(1912년)가 충주제일교회였다. 그는 충주제일교회를 중심

1993년 폭발적 성장세를 지속하던 충주제일교회.
'서문 밖'을 떠나 2킬로미터 떨어진 연수동 현 위치로 옮겼다.

으로 34년간 경기 남부와 중원에 83개 교회를 세우고 3,000여 명을 전도했다. 장 목사는 을미의병(1896) 출신 사역자다. 장 목사는 공의에 어긋나는 일이라면 "충주관아 동헌에 들어가 지팡이로 마루바닥을 두들기며 충주목사(牧使)에게 호통"(《이천지방 감리교회사》 인용)을 칠 정도였다. 그 동헌이 지금의 청령헌이다. 충주 사람들은 장 목사를 '약자 편을 들어주는 의로운 사람'으로 존경해 마지 않았다.

이러한 민족 교회 성향은 1919년 장 목사의 양손자 장양헌 (1898~1975) 전도사에게 이어져 충주제일교회는 민족 운동의 불꽃이 됐다. 충주제일교회 교인이 주도한 3·1만세 시위가 전개된 것이다. 일제의 재판 기록은 충주제일교회 교인의 만세운동에 대해 "악랄한 수단을 농하여 타인을 선동함으로써 치안을 방해하여……"라고 적혀 있다. 장 전도사 및 교인은 보안법 위반으로 서울 서대문형무소에서 옥고를 치렀다.

충주제일교회의 공의 정신은 예언자적 사명을 다하며 차령산맥과 소백산맥 골짜기 곳곳에 미쳐 복음의 젖줄이 됐다. 그러나 1939년 3·1운동 민족대표 33인 중 한 명인 청주 출신 정춘수 목사가 한국 교계의 대표적 친일파로 변절하면서 충주제일교회가 속한 감리교단은 민족 교회 본질을 잃어 가기 시작했다. 충주제일교회도 그 영향에서 자유로울 수 없어 일제강점 말기 관제 시국강연회 등을 회당 안에서 열 수밖에 없었다. 황군위문금 전달 등 친일 행위는 회개해야 할 뼈아픈 과거다. 특히 3·1운동 때 만세를 부르고 옥고를 치른 추성렬 속장이 하나님 사랑에 감사하여 교회에 바쳤던 '애국종'까지 공출로 내주어야 할 정도로 말씀을 지키기가 어려워졌다. 박해는 그만큼 조직적이고 교묘했다는 얘기다. 이렇게 되자 많은 교인과 목회자가 '침묵하는 교회'에 실망하여 교회를 떠나기도 했다.

그럼에도 하나님은 일제 말과 해방 직후, 6·25전쟁의 혼란을 허숙일, 김용련 목사의 치유목회를 통해 극복했다. 그들의 기도 제목은 회개와 화목이었다. 1952년 〈감리회보〉의 '충주읍교회에 다녀와서'라는 글에는 "매주 600명, 새벽 기도에 400~500명이 모이는 교회"라고 전했다. 이 같은 폭발적 성장으로 제2교회 설립에 나섰고, 이 교회가 바로 지금의 충주서부교회이다.

1993년 폭발적 성장세를 지속하던 충주제일교회는 '서문 밖'을 떠나 2킬로미터 떨어진 연수동 현 위치로 옮겼다. 창립 이래 30여 교회를 개척하고 중원의 꾸준한 인구 감소에도 불구하고 1,000~2,000명이 출석하는 중원 장자 교회의 새로운 세기의 시작이었다. 비록 고린도교회와 같은 분쟁이 있었다 하더라도 "그는 몸인 교회의 머리시라 그가 근본이시요"(골 1:18)를 믿었던 회중의 지성이 지경을 넓혀 새로운 예수 성읍을 쌓고 있는 것이다.

충주는 목회자에게 까다로운 도시다. 옛 도시 사람들의 완고함과 충청도 사람들의 무위이화(無爲而化) 심리가 열매를 맺는 데 어려움으로 작용한다. 고령화 문제도 교회가 직면한 넘기 힘든 장벽이다.

"그러한 어려움은 기도가 아닌 생각에서 나온 방편 찾기라고 봅니다. 전도의 여지가 왜 없습니까? 충주 복음화율이 10퍼센트 조금 넘습니다. 교회가 한 세대에 머문다면 고령화와 같은 현실이 벽처럼 느껴지겠지요. 하지만 교회는 한 세대에 머물면 안 됩니다. 어린이와 청소년, 청년 전도에 손을 놓는다면 한국 교회의 미래는 없습니다."

109년 전통의 충주제일교회 이병우(62) 목사는 한 세대를 앞서 내다보고 있었다. 고등학교만 졸업하면 서울 등 대도시로 떠나는데도 청년 전도에 기도로 매달려 온 이유다. 3년 전 그가 부임했을 때만 해도 미미했던 청년부가 이제는 50여 명이 모인다. 중고등부 50여 명, 아동부 80여 명, 유치부 40여 명이다. 구령이 쉽지 않은 여건 속에서 얻은 값진 결과다. 이 목사는 "건국대, 한국교통대 학생 전도를 위해 간사를 두고 있다"며 "충주제일교회가 중원의 장자 교회가 될 수 있었던 건 늘 미래를 준비해 왔기 때문"이라고 말했다.

교회는 1980년대와 2000년대에 심한 분쟁을 겪었다. 그럼에도 새벽 제단을 수십 년간 쌓은 엄창섭(63), 교회버스 운전봉사를 위해 대형면허를 딴 류시원(57) 장로 등이 뿌리 깊은 나무가 돼 분쟁과 이단의 공략 등을 이겨 냈다. "치유의 축복을 받은 교회입니다. 서문밖 교회가 가졌던 민족 교회의 정체성을 젊은 세대들이 이어 갈 겁니다."

충주제일교회

설립연도 1905

담임목사 이병우 **현 주소** 충청북도 충주시 계명대로 171

- 1993년까지 88년간 자리를 지킨 서문밖교회(현 충주제일교회).
  충청감영문을 마주보고 왼쪽으로 가면 있는 복합상영관 자리가 지금의
  교회 터임을 아는 사람은 드물다.
- 교회 현관에 전시된 충주제일교회 두 번째 종.

면천감리교회
충남 당진 면천읍성

성령의 역사, 불길처럼 솟다

충남 당진시 면천읍성 남문 일대 복원 성곽은 빨래해
서 다려 놓은 흰 와이셔츠처럼 깔끔하다. 하지만 몸에 맞지 않는 옷
을 입은 것처럼 어색함도 떨칠 수 없다. 면천읍성 남문 원기루(遠奇
樓). 그 남문에 올라서면 멀리 읍성을 안고 있는 몽산(해발 299미터)
줄기가 병풍처럼 서 있다. 눈을 읍성 안으로 두면 두드러진 구조물
하나가 시야에 들어온다. 적벽돌을 쌓아 올린 면천감리교회 십자가
탑이다.

그런데 이 십자가 탑은 여느 십자가 탑과 달리 고딕형 예배당 꼭
대기에서 삼각형으로 치솟은 관례를 따르지 않았다. 기단이 교회 마
당에서 시작한 가로 세로 3미터 너비의 정방형 십자가탑인 것이다.
적벽돌과 콘크리트로 쌓은 이 탑은 탑두에 이르러 삼각형 지붕을 이었고 그 지붕에 흰 십자가를 올렸다. 높이만 20미터이다.

면천읍성. 1914년까지 충남 면천군 군아(郡衙)였다. 요즘 말로 군청 중심으로 시가지가 형성된 곳이란 얘기다. 하지만 일제가 조선 강점 이후 행정 개편을 이유로 폐군하면서 당진군(현 당진시)으로 병합됐다. 그 바람에 면천은 한적한 면소재지에 지나지 않는 고을이 됐다. 면민 수를 다해 3천여 명이다.

면천서 평생을 살아온 면천감리교회 박영숙(78, 전 미용학원장) 권사는 "1960~1970년대만 하더라도 읍성을 중심으로 한 마을 인구가 1만 2천 명에 달했다"며 "장날이면 산지사방서 몰려온 장꾼 등으로 교회 앞 장터를 모로 세워 다녀야 했다"고 말했다. 그 장터는 지금 공터가 되고 말았다.

면천은 아산만에 인접한 조선 시대 군사 요충지였다. 충남 북부 당진, 신창, 덕산, 예산을 연결하는 길목이었던 것이다. 선조 임금 때 면천군 일대에 지각 변동이 일어 5개 면에 걸친 면적이 바다로 변했고 이때 백성은 농토를 잃고 실의에 빠졌다. 그러자 조정은 백성을 위로하기 위해 윤년마다 면천군 기지시(機池市)에서 줄다리기를 실시했는데 이 전통이 지금까지 남아 중요무형문화재 제75호 '기지시 줄다리기'가 됐다. 그만큼 유서 깊은 고을이라는 얘기다.

김용승 목사, 인치업 장로가 사료 등을 종합해 전한 바에 따르면 면천에 복음이 전파된 것은 1895년이다. 동학혁명(1894년) 와중이다. 〈면천감리교회 연혁사〉 및 〈조선그리스도회보〉 등은 복음의 시작이 유제라는 면천군수에게서 시작됐다고 적었다. 유제는 동학군에 백성이 흔들리지 않도록 하라는 벼슬 선유별관(宣諭別官)이 되어 면천에 왔다가 군수(재임 1895~1896)가 된 인물이다. 유제는 아펜젤러

면천읍성. 1914년까지 충남 면천군 군아(郡衙)였다.

1992년 헌당된 현 교회 건물. 건축헌금을 모았다가 부도가 났음에도
교인들이 실의를 이겨내고 합심해 지어 냈다.

교회 마당에서 기단을 시작해 세운
가로 세로 3미터 너비의
정방형 십자가탑(높이 20미터).
여느 십자가 탑과 달리
고딕형 예배당 꼭대기에서
삼각형으로 치솟은 관례를 따르지 않았다.

의 영향으로 예수를 믿었다. 그런데 그의 면직 이유가 눈길을 끈다.

〈독립신문〉 기사. "면천군수 유제는 포구 풍속이 완우하니 진정사를 맞당히 경계하기로 갈니고……." 아산만 포구의 완고한 풍속을 강력히 통제하다가 원성을 샀다는 얘기다. 기독교사학자들은 포구에서 행해지는 각종 무속행위를 유제가 금함으로써 민심을 잃은 것으로 해석한다.

이후 유제는 당시 덕산군 한내(현 예산군 고덕면 대천리)에 살며 복음을 계속 전한다. 면천교회 연혁사는 유제 군수 재임 시 그의 주도로 회중이 됐다고 전한다. 면천감리교회가 공식 문서에 등장하는 것은 면천초등학교가 보관한 '설립개교에 관한 경위'이다. 1908년 근대식 교육기관 사립 '면양학교'가 설립됐고 이때 교사(校舍)를 읍내리에 두었는데 이 교사가 여덟 칸 초가로 된 면천감리교회였던 것이다. 일제가 관제 교육을 실시하기 위해 선교사 등이 세운 사립학교를 공립보통학교로 빼앗다시피 하면서 면양학교 역시 1911년 면천보통학교에 흡수되고 만다.

면천보통학교는 읍성 객사 조종관(朝宗館)을 학교 건물로 썼고 그 자리는 지금의 면천초등학교가 됐다. 면천초등학교 운동장 안 홰나무만이 이러한 시대 흐름 속에서 여전히 건재하다.

면천감리교회 예배당은 눈길을 끌기에 충분하다. 독특한 십자가 탑도 그러려니와 팔각형 지붕을 인 현대적인 교회 건축이 예사롭지 않기 때문이다. 심령이 가난한 자, 애통하는 자, 온유한 자, 의에 주리고 목마른 자 등을 축복하는 팔복의 의미를 전통건축 팔각지붕에 녹여 낸 예배당이 면천교회다. 교회 앞 옛 관아 일부인 팔각 연정 군자정과 잇는 듯한 교회 건축의 유연성도 인상적이다.

박준성 원로장로는 "다섯 번째 교회 건축으로 하나님 보시기에 아름다운 회당을 만들기 위해 기도로 충전하며 발로 뛰어 얻어 낸 결과물"이라고 했다. 이 예배당은 교회 건축 전문가 집단으로 호평받는 정주건축연구소 작품이다. 1992년 헌당됐다. 김 목사는 "지난주에도 우리 예배당을 보러 4개 팀이 답사를 했다"고 덧붙였다. 당시 건축헌금을 모았다가 부도가 났음에도 교인들이 실의를 이겨내고 합심해 지은 회당이다.

면천감리교회는 늘 이 지역 랜드마크였다. 교회 안에서 이루어지는 예배와 각종 행사는 지역사회의 구심점이 됐고 문화가 됐다. 특히 1950~1970년대는 성령의 은사가 터져 인근에서 수십리 길 마다 않고 불신자들이 몰려들었다. 주일학교와 중고등부, 청년부 등은 이 지역 학생들의 '필수 졸업 코스'였다.

박 권사의 증언. "부흥사 이성봉 목사님 등 내로라하는 분들이 성회를 이끌곤 했어요. 600~700명이 일시에 몰려 정작 본교인이 집회에 참석할 수조차 없었지요. 귀신이 쫓겨 나가고, 병자가 일어섰어요. 성령의 역사가 증거되어 기쁨이 충만했어요. 안수받을 때 '안 넘어질 거다'라고 다짐해 봐도 소용없었어요."

당시 부흥집회는 전국적인 현상이기도 했다. 하지만 충청도 내포문화권에선 면천감리교회가 유독 성령 은사가 많았다. 회당이 좁아 이종교(異宗敎)적 의미를 담고 있는 당진의 주산 아미산에서 산집회를 열기도 했다. 밤새 나무를 붙잡고 "주여, 주여" 외치는 이들이 가득했다. 곡식 몇 줌 가져와 밥을 해먹으며 일주일씩 기도를 했다. 교회 부흥회 때에는 먼 데서 오는 참석자를 위해 교인들이 저마다 방을 내주곤 했다.

기독교 문학의 진수라 할 《상록수》를 쓴
심훈의 집필실(필경사)로 가는 길에 만난 당진 상록수교회
옛 예배당. 지금은 농가 창고로 쓰이고 있다.

충남 당진 시 심훈기념관 내 필경사. 당진 면천교회와 이웃하고 있다.

대장장이 '황대장'은 안수받고 한 달간 붉은 얼굴을 하고 다니다 지병인 해소가 낫고, 유산을 거듭하던 어느 집사는 집회에서 은혜 받고 삼 남매를 두었으며, 또 다른 집사의 남편은 기도받고 척추병이 깨끗이 나았다.

"60년대 초일 거예요. 세 번째 예배당에서 집회를 하는데 부흥사 목사님이 '나 떠나면 예배당이 무너진다'고 하더라고요. 딱 일주일 뒤 무너졌어요. 그 바람에 온 성도가 밤낮 가리지 않고 모래를 나르고 벽돌을 찍어 새 예배당을 헌당했어요. 지금 생각하면 성령이 시키지 않고서야 그럴 수 있었겠나 싶어요. 말마차와 가마니 들대를 이용해 지었죠. 지서장이 감동받아 교인이 됐을 정도니까요." 박 권사의 기억이었다. 박 권사는 할머니 유덕순 권사(작고) 품에서 신앙을 키웠다. 그의 아들 이한웅(56, 충청대 교수) 씨는 새찬송가 571장 작곡자이다. 5대째 신앙인 집안이다.

면천감리교회가 유달리 성령 은사가 많았다는 점은 6·25 때도 예배가 끊이지 않았다는 것에서 알 수 있다. 이 지역을 접수한 인민군은 예배를 방해하지 않았다. 기독교인이라고 총구 한 번 겨누는 일이 없었다. 통상 예배당을 접수해 인민위원회 사무실로 썼으나 그러지도 않았다. 신비한 일이었다.

또 하나. 퍼내고 퍼내도 주일 출석 100명 이상을 채운다는 것이다. 면천 지역에 여덟 교회가 있고 이 중 남산, 죽동, 송학, 삼웅, 대치에 다섯 교회를 개척하면서 면천감리교회 교인들을 분립했다. 관내 밖으로는 양유, 성북, 순성중앙교회의 뿌리도 이 교회다. 면민이 급격히 줄어든 지금도 면천감리교회는 출석 교인이 150여 명에 이른다. 마르지 않는 축복이다.

면천감리교회

설립연도 1895

담임목사 **김용승**   현 주소 **충청남도 당진시 면천면 동문1길 18**

- 옛 관아의 정문 누각이던 풍락루. 1851년 군수 이관영이 중수한 뒤 풍락루라 이름 지었다. 1943년 철거된 후 2007년 복원하였다.

청안교회
충북 괴산 청안읍성

선비 정신과 청교도 정신의 만남

충북 괴산군 청안면 옛 읍내는 한가했다. 읍내길 어디를 걸어도 사람 만나기 어려웠다. 수은주가 영하 10도로 떨어진 날이었다. 가끔 단정한 옷차림에 성경책을 끼고 종종걸음 치는 이들이 눈에 띄었는데 청안교회 교인 아니면 천주교 증평 천안공소 신자들이었다. 읍내는 영화 세트장에 온 것이 아닌가 싶을 정도로 단조롭고 고요했다. 청안면은 전체 인구가 3,300명 정도 된다.

찬 바람을 뚫고 읍내길 곳곳을 다니니 청안향교와 동헌, 청안초교 내 1,000년 수령의 느티나무가 눈에 띄었다. 현대식 건축의 '한운사기념관'은 이채로웠다. 한운사(1923~2009)는 한국 드라마 작가 1세대로 이곳 출신이다. 괴산군이 2013년 생가 터에 기념관을 세웠다.

청안교회는 청주제일교회 다음으로 유서 깊은 충북 지역 모교회다. 1907년 충북선교 개척자 민노아(F. S. Miller, 1866~1937) 선교사에 의해 설립됐다. 청주의 미션스쿨 일신여고 교정엔 민노아 선교기념비가 서 있다.

청안교회 대예배당에는 강추위에도 불구하고 100여 명의 교인이 모였다. 1층 주방은 예배 후 공동 식사를 위한 준비로 분주했다. 소예배실에선 중고등부 공과가 진행 중이었다. 주일학교 아이들의 떠드는 소리가 반갑게 들렸다.

108년 전통의 청안교회는 면 단위의 시골 교회다. 대개 시골 교회가 60대 이상 교인이 전부이기 마련인데 이 교회는 어린이, 청소년들로 활기가 넘친다. 2011년 곽철희(47) 목사가 부임한 뒤 미래세대 선교에 힘썼기 때문이다. 역사교회 전통을 이어 나갈 후대인 셈이다.

곽 목사는 이날 마태복음 25장 14-30절을 중심으로 〈하나님의 기대〉라는 제목하에 말씀을 전했다. 그는 이 교회 초대 교인 박만화 여사의 신앙 정신을 기리는 돌비 자구 '시종여일'(始終如一) 즉, '처음부터 끝까지 변하지 않고 한결같이' 예수 사모하는 마음을 가져 달라고 권면했다.

박만화의 돌비는 예배당 현관을 나서면 왼쪽 정원에 위치한다. 60센티미터 높이로 비문이 음각되어 있다. 교회 창립 30주년을 기념해 세웠다. "박만화는 1911년 서울에서 청안으로 이주한 호판관 부인으로 56세에 예수를 믿기 시작했다. 믿음이 신실하고 교회에 물질로 봉사를 많이 하였다"(1920년 7월 14일자 〈기독신보〉)라고 기록되어 있다.

수 종	느티나무
높 이	12m
둘 레	6.5m
수 령	960년
역 혁	고려초현감

찬 바람을 뚫고 읍내길 곳곳을 다녔다. 청안향교와 동헌,
청안초교 내 1,000년 수령의 느티나무가 눈에 띄었다.

청안교회 첫 예배당은 금신리 장호식 씨 집에서 시작됐는데 교인이 늘자 읍내리의 민가를 매입해 그곳에서 백남익 조사의 인도로 예배를 드리게 됐다. 이때 박 여사가 헌당 비용 3분의 2를 냈다. 당시 그곳 사람들은 한 번도 본 적 없는 근대식 난로와 괘종시계를 헌물하기도 했다.

박 여사와 영수 장호식 등의 열렬한 전도 활동으로 1920년 무렵 교인 수가 60~70명에 달했다. 그러자 박 여사는 하나님께 감사하여 다시 성전 건축을 위해 소 한 마리와 쌀 열네 가마를 부지 구입비로 내놓는다. 교회 건축비 30여 원, 종과 종각 건축비 30여 원은 별도로 헌금했다. 1925년 〈기독신보〉는 '믿음 좋은 박씨'라는 제목으로 "박만화 여사는 70세의 노인으로 14년 전부터 주를 믿고 교회 일에 열심이던 중 …… 수십원을 전부 부담하고 연연히 백미 5두씩 교회에 바치며 전도에 열심이므로 참 본받을 만한 부인이더라"라고 적었다.

이러한 초대 교인들의 열정적 신앙은 신문에 보도된 '아동성경학교' 기사에서도 엿볼 수 있다. 이해 9월 29일자 신문은 "호정환 어린이가 '과학과 종교'라는 제목으로, 채을손 어린이가 '인생관'이란 제목으로 각각 열변을 토하였다"라고 전했다. 때문에 교회는 부흥했고 복음은 주변 마을로 확산됐다. 괴산 사리교회 등 3개 교회가 이때 개척됐다.

대예배와 식사 교제를 마친 목양실. 장병기(76), 김충국(71) 원로장로, 정동혁(76) 은퇴장로, 김의종(58), 주행종(53) 시무장로 등이 곽 목사를 중심으로 앉았다. 그들은 서지학적 가치가 있는 책을 여러 권 꺼내 펼쳤다. 당회록이었다. 1909~1954년 당회록은 특히 기록유산으로 봐도 될 만큼 가치가 있어 보였다.

청안교회 마당의 녹슨 종탑.
한때 읍내 시보(時報)이기도 했다.

학습문답: 리천님 씨는 문답이 잘됨으로 학습인으로 세우기를
가결하다

칙벌: 권중희 씨는 주일을 범하여 육 개월간 칙벌키로
가결하다

출교: 김태희 씨는 교인의 의무를 잃음으로 출교키로 가결하다

1927년 11월 오후 5시 30분 박만화 씨 집에서 이뤄진 당회 기
록이다. 당회록을 포함한 교회 기록물 어디 하나 허투루 볼 데가 없
다. 행간 곳곳에 영적 성장을 거듭해 가는 교회 공동체의 헌신과 협

안민헌. 청안현의 관아 건물로 태종 5년(1405)에 지어졌다고 한다.
여러 차례 수리를 거쳐 19세기 후반의 건물이 현재 남아 있다.

력이 담겼다.

이날 모인 장로들은 '열변을 토한' 아동성경학교 학생들의 후손
이다. 그중 정동혁 장로의 정씨 가문은 신앙의 대물림이 어찌되어야
하는가를 잘 보여 주는 사례다. 1930년대 정현호·김순경 부부와 그
의 자녀 5남 4녀는 프로테스탄트의 신앙과 삶을 이어 갔다. 형제마
다 교육자, 사업가, 사회운동가, 목회자 등으로 성장해 청안교회가
'하나님을 기쁘시게 하는 교회'(느 8:10)로서 기반을 다지는 데 큰 역
할을 했다.

그 형제들은 특히 기독교 교육에 힘썼다. 그것이 지금 교회를
품고 자리한 청안중학교(칠보학원)로 집약된다. 정씨 가문은 1950년
대 '청주와 같은 도시에 학교를 세우면 큰 성공을 할 수 있을 텐데'라
는 유혹에도 "도회지 구령을 위해 선대가 지켜온 교회와 교우, 이웃
을 버릴 수 없다"며 이곳에 학원을 세웠다. 1954년 칠보학원과 같은
날 문교부로부터 교육기관 인가를 받았던 청주의 한 학교는 대학을
둔 규모로 성장했으나 분쟁과 탈신앙으로 지금도 내홍을 겪고 있다.
정동혁 장로는 "비록 청안 읍세는 위축되었다 하더라도 청안교회와
청안중학을 나온 이들은 크리스천 리더로 사회 곳곳에서 빛과 소금
이 되고 있다"고 말했다. 이들은 홈커밍데이 형식을 빌려 고향 교회
와 학교를 돕고 있다.

정씨 가문처럼 청안교회 3대 혹은 4, 5, 6대를 잇는 교인들은 '작
은 자'가 되기를 서원한다. 어떤 장로는 30센티미터 이상 쌓인 눈을
치우기 위해 새벽 2시, 3시에 나와 눈을 쓸어 새벽기도에 나오는 교
인이 실족하지 않게 하고, 또 어떤 장로는 전쟁통에 없어진 종과 종
탑을 세우고 365일 단 하루도 빠지지 않고 때맞춰 종을 쳤다. 어떤

권사는 집과 교회 사이 30리(약 12킬로미터) 길을 평생 걸어 다니며 오직 구주 예수만을 섬겼다. 그 권사의 아들은 지금 시무장로가 됐다. 30리 길을 어머니 손잡고 따라다녔다고 한다.

청안은 작은 면소재지에 불과하다. 그러나 1914년 괴산군으로 흡수되기 전까지만 해도 읍성을 갖춘 군이었다. 때문에 읍내 사람들은 선비 정신이 강했다. 이 옛 고을에 철도가 들어서려 하자 기차 소리가 공부에 방해될 것이라며 반대하는 바람에 청안군 외곽 증평에 역이 들어섰다.

그 완고한 고장에서 초대 교인들은 박해를 이겨 내고 십자가를 세웠다. 1944~1945년 일제에 의해 교회가 폐쇄됐으며 1950년 한국전쟁 때 전용섭(1949~1951년 시무) 목사가 신앙을 지키려다 순교했다. 신사 터에 교회를 세워 가며 영적 전쟁을 치렀으며, 교단 분열 영향으로 파가 나뉘어 한쪽이 천막 교회 생활을 하다 서로 내려놓음으로 다시 하나가 되기도 했다.

이러한 역경 극복의 배경에는 유치원과 사립 초교(옛 시온초교), 중학교 등을 세워 크리스천 리더를 키우려는 기독교 교육이 한몫했다. 유치원과 사립 초교는 읍세 약화로 폐교됐다. 청안읍성은 청빈한 선비 정신이 프로테스탄트 정신으로 이어지는 믿음의 요새다. 그 읍성 안 청안교회는 하나님의 눈동자다.

어린이와 청소년이 귀한 면 단위 교회에 주일학교와 중고등부가 돌아간다. 인근 한국교통대 학생들까지 청안교회를 섬긴다. 곽철희 목사 부임 당시 주일학교 학생은 10명, 중고등부 학생은 3명이었다. 이를 각각 20명, 30명 출석으로 늘렸다. 청안초교, 청안중 아이들 3분의 1이 이 교회에서 신앙생활을 한다. 곽 목사는 "시골 지역은 편부모와 조손가정이 많아 아이들이 방치되는 경우가 흔하다”며 “이 아이들을 위해 ‘푸른꿈공부방’을 운영하고 있다”고 말했다. 공부방은 경기도 일산 기독교 대안학교 광성드림학교 교사였던 이희순(42) 사모의 역할이 컸다. 곽 목사는 “‘다음 세대와 함께하는 교회’가 목회 비전”이라고 말했다.

청안교회

설립연도 1907

담임목사 **곽철희** 현 주소 **충청북도 괴산군 청안읍내로2길 32**

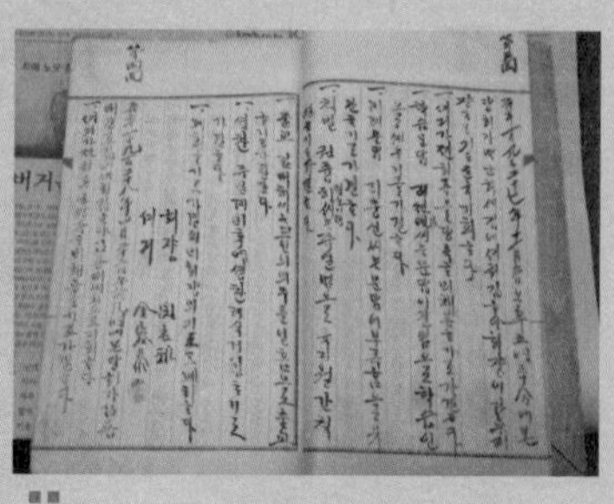

- 1926년이라고 쓰인 청안교회 당회록 표지.
- ▪▪ 1927년 11월 오후 5시 30분 박만화 씨 집에서 이뤄진 당회 기록.
  행간 곳곳에 영적 성장을 거듭해 가는 교회 공동체의 헌신과 협력이 담겼다.
- ▪▪▪ 정씨 가문은 1950년대 "도회지 구령을 위해 선대가 지켜온 교회와
  교우, 이웃을 버릴 수 없다"며 이곳에 학원을 세웠다.
  사진은 청안중학교 운동장에서 본 청안교회.

홍성제일교회
충남 홍성 홍주읍성

저항의 영성, 기독교 시민운동으로 이어져

충남 홍성군 홍성읍 홍주역사관 전시실에는 옛 홍주성을 재현한 모형이 눈길을 끈다. 이 모형의 실제는 1906년 무렵까지도 온전했던 것으로 보인다. 그해 5월 민종식이 이끄는 항일 의병 1,100여 명이 홍주읍성을 점령하고 있던 일본군을 공격했다. 일본군은 1894년 동학혁명 진압을 돕는다는 명분으로 조선 침략을 노골화한 직후 이 땅을 떠나지 않았다. 이 전투에서 의병 수백 명이 전사했고 결국 일본군은 퇴각했다.

하지만 1910년 한일강제병합과 함께 성읍은 몰락했다. 일제는 성벽을 허물고 도로를 냈다. 근대 시가지 조성이라는 명분이었으나 실상은 민족정기 말살 책략의 일환이었다. 성 안 동헌은 우편국 사무실, 내아는 우편국장 숙소, 교련청과 집사청은 우편국 직원 숙소가

홍주읍성 성곽. 길이 810미터.
문종 1년(1451)에 고쳐 쌓았으며
당시 규모는 둘레 4,856척(1.5킬로미터),
높이 11척(3.3미터)이었다고 한다.

내포 문화의 모교회 격인
홍성제일교회 모습.

됐다. 서문과 북문도 어느 날인가 헐렸다. 동문인 조양문과 홍주아
문, 성곽 810미터 등이 오늘날까지 남아 있는 건 행운이다.

'서문밖교회.' 이 정겨운 교회 이름을 홍성 9만여 군민은 잘 모른
다. 홍성의 그리스도인이라 해도 이 고장 모교회의 옛 명칭인지 아는
이가 드물다. 홍성제일교회의 옛 이름이 서문밖교회다.

홍주역사관 전시실 모형 성곽에서 서문을 찾았다. 서문은 홍예
문 위에 문루를 올린 모습이었다. 그 서문을 나서면 옹성이 반월 형
태로 감싸 안았다. 적이 곧바로 성문을 공격하는 것을 막기 위해서
다. 옹성을 벗어나면 서문교가 있다. 자연 하천을 해자로 삼은 성읍
건축임을 알 수 있다. 그 다리를 건너면 큰 언덕이다.

서문밖교회는 이 언덕에 1920년 헌당됐다. 1900년 홍성 고암

리 기도처로 출발해 1903년 교동에 20칸 한옥식 교회에 이은 세 번째 터였다. 남문은 1900년 전후로 철거됐을 것으로 추정된다. 남문 자리엔 소학교가 들어섰다. 오늘의 홍주초교이다. 이 홍주초교 담 일부가 옛 홍주성벽이다.

"교회 문 앞까지가 냇가였어요. 지금이야 제방 사업을 해서 금마천이 좁아졌지만 70, 80년대까지만 하더라도 폭이 넓었어요. 장마지면 서문교가 떠내려가 다시 나무다리를 놓곤 했으니까요. 서문 밖 서문교 나무다리를 건너면 석조 건물 교회당이 있었고, 교회 마당에 종탑과 십자가가 읍내를 굽어봤어요. 참 멋졌어요."

홍성제일교회 표기식(80) 은퇴장로의 회고다. 이웃한 예산군 덕산면 대동리가 고향인 소년 표기식은 예산읍보다 지리적으로 가까운 홍성읍으로 고교 진학을 했다. 20리(8킬로미터) 길이었다. 그는 홍성제일교회가 1950년 대동리에 개척한 나박소교회를 통해 신앙을 접했다. 고교 진학과 함께 홍성읍으로 오게 됐고 자연스럽게 모교회인 홍성제일교회를 섬기게 됐다.

"고등학교 다니면서 학생 신분으로 결혼을 했어요. 당시엔 이상한 일도 아니었지요. 한데 신혼 6개월 무렵 아내(김종숙 권사, 82)가 이유 없이 아팠어요. 전도사님이 교회에 다니면 치유가 된다고 하셨어요. 그래서 제대로 교회에 다니게 됐지요. 씻은 듯이 낫더라고요. 하나님 일이라면 무조건 따르겠다고 결심했어요."

표 장로는 "50년 한국전쟁 당시 '공장에 취업시켜 주겠다'는 인민군의 반강제에 끌려가다가 간신히 탈출해 살아남은 것도 돌이켜 보니 하나님의 은총"이었다고 말했다. 그는 사실상의 포로가 되어 잡혀가다 자신의 집 앞을 지나자 "어머니에게 잠깐 인사드리고 오겠다"

고 했다. 현명한 어머니는 바로 표 장로를 도망치게 했다.

개신교 전래 이후 적어도 표 장로 세대까지는 '시절이 하 수상해' 목숨이 위협을 받았다. 그럼에도 한용운, 김좌진 등 홍성의 인물들은 그 위험에 굴하지 않고 의를 위해 싸웠다. 기독교 인물들도 그러했다. 일제강점기 홍성제일교회는 청년 운동의 본산이었다. 민족계몽운동을 펼친 교육 기관이기도 했다. 7대 김병제 목사는 기독교청년조직 '홍성 엡워스청년회'를 출범시켜 복음을 전했다. 장날이면 금주단연운동도 펼쳤다. 교계 명강사를 초청하여 강연회도 가졌다. 소년절제회도 청년들 못지않게 활동했다.

1931년 감리교 연회록에 "홍성 구역엔 신령상 은혜가 풍부하여 가며 열심 전도하여 팔쾌리와 신곡리에 기도소를 정하고 남녀 청년들이 6~7인, 8~9인씩 나가서 열심 전도하여 지금은 50~60명 70~80명씩 집회가 됩니다"라고 기록된 것으로 보아도 전도와 민족의식 계몽에 힘쓰는 기독 청소년 및 청년들의 활동을 짐작해 볼 수 있다. 김 목사는 세 차례나 부임할 만큼 신망이 두터운 목회자였다. 재임 시 홍성유치원 설립, 성전 건축 등도 이뤄 냈다. 앞서 있었던 목회자 이상만은 임시정부 의원으로 활동한 독립운동가였다.

이러한 기독교 민족운동 정신은 어느 날 갑자기 이뤄진 것이 아니다. 가야산을 중심으로 한 내포 문화의 중심 홍성이 지닌 영성과 역사성이 바탕이 됐기 때문이다. 백제부흥운동으로 시작된 저항의식은 최영과 성삼문으로 이어졌고 한용운과 김좌진을 낳았다. 동학전쟁 격전지였고 신유박해 피해의 영성의 땅이기도 했다. 내포 지역의 1895년 을미의병과 1906년 병오의병은 영성과 민족의식이 합쳐진 결과였다. 일제 및 해방공간에서 중도적 민족운동과 좌우합작운

1910년 한일강제병합과 함께 성읍은 몰락했다.
오늘날까지 남아 있는 홍주읍성의 조양문(동문).

홍주아문. 사적 231호로 조양문을 세울 때 함께 세운 것이다.
우리나라 아문 중 가장 크고 특이한 형태를 자랑한다.

동을 주도했던 가야동지회는 이러한 내포의 역사성에서 기인한다. 이 영성은 기독교 사회운동으로도 흐르고 있다.

고광성(64, 고광성치과원장) 시무장로가 그 대표적 인물이다. 홍성 YMCA 이사장, 예산·홍성 환경운동연합 출범추진위원 등을 역임한 그는 내포 지역의 대표적 기독교 시민운동가이다. 그의 주도로 창간한 〈홍성신문〉은 한국 최초의 지역 신문으로, 지역 언론사를 다시 쓰게 한 미디어운동의 한 예였다.

"저는 모태신앙입니다. 할머니(서공의 권사, 작고) 신앙으로부터 시작됐어요. 새벽기도를 할머니 품 안에서 다녔으니까요. 홍성유치원 56회 졸업생입니다. 중학교를 졸업하고 서울로 가서 대학을 졸업하고 다시 홍성에 정착해 교회를 섬겼어요. 장항선 비둘기호 열차 타고 네 시간 걸리던 시절이었지요."

그는 젊은 시절 중고등부 교사로 활동했다. 대학입학시험이 끝나면 그의 지도로 '시온의 향연'과 같은 발표회가 홍성군내 축제처럼 진행됐다. 감리교, 장로교, 성결교 할 것 없이 지역 내 모든 교단 학생부가 연합해 예수를 찬양했다.

"단순한 교회 행사가 아니었어요. 홍성군 내 학생들이 발표회를 보러 예배당을 꽉 채웠으니까요. 우리는 봄부터 행사를 준비했어요. 복음송을 연습하고 기타를 배우고…… 그 과정에서 자연스럽게 전도를 했지요. 대학생성경읽기선교회(UBF)를 통해 성경공부를 많이 한 것이 교회 생활에 큰 도움이 됐지요."

표기식, 고광성 장로는 신앙의 선후배다. 6·25 이후 전도 열기가 뜨거웠고 이들은 그 열기를 곳곳에 미치게 하는 풍로 역할을 했다. 20리 산길을 걸어서 주일성수하고, 서울에서 고향까지 야간열

차를 타고 돌아와 교사 직분을 행했다. 예수 제자로서 묵묵히 길을 걷던 그 무렵의 200여 명은 오늘 600여 명이 출석하는 교회의 인도자였다.

표 장로는 신앙 반세기 회고 요청에 "예수는 생명이니 철저히 믿어야 한다"라고 했다. 시무 지도자인 고 장로는 "교회 개혁이 너무나 시급한 데도 한국 교회가 애써 외면하고 있다"라며 안타까워했다.

내포 문화 모교회 홍성제일교회 600여 명은 내포 문화의 정신적 발전소인 교회를 섬긴다. 그들의 공감하는 영성은 생명사상으로 살아 온 내포지역 선대 역사 인물들이 후대에 준 선물이기도 하다.

김대경(68) 목사는 홍성제일교회 설립 100주년이던 2000년 부임했다. 그는 부임하자마자 음악학교(현 음악아카데미)를 설립했고 노인대학을 재설립했다. 주차장을 주민에게 개방하는 등 지역사회 기여를 최우선으로 하는 목회 방침을 세웠다. 노인대학 학생 80퍼센트가 비신자들로 구성된 것에서도 알 수 있다. 최근 감리교본부로부터 우수 노인대학 프로그램으로 꼽혀 사례 발표를 하기도 했다. 주일에는 600여 명이 출석한다. 갈수록 출석 교인이 줄어드는 농어촌 읍 단위 교회에 모범적 선교 사례로 주목받고 있다.

"홍성·예산 경계에 도청이 자리 잡은 내포 신도시가 건설되고 있습니다. 지교회 '내포제일교회'를 위해 전 교인이 수년 전부터 기도하고 있어요. 330제곱미터 부지에 500제곱미터 예배당을 목표로 하고 있습니다." 김대경 목사의 말이다.

홍성제일교회

설립연도 1900

담임목사 김대경 현 주소 충청남도 홍성군 홍성읍 조양로 85번길 22

- 홍성제일교회 유치원 기념 사진.
- 1930년대 교회 학교 모습.

남포교회
충남 보령 남포읍성

주민 90퍼센트가 한 교회 교인

"마을 주민 90퍼센트가 우리 교회 교인입니다. 최근 남포문화마을이 생기면서 외지인들이 다소 늘었지만 이 또한 말씀 안에서 공동체를 이뤄 갈 수 있는 이웃이라고 봅니다." 충남 보령시 남포교회 김상욱(47) 목사 얘기다. 그는 10년째 이곳에서 "말씀이 너희 속에 풍성히 거하"(골 3:16)도록 양 무리를 이끌고 있다.

면소재지 130여 가구 주민 90퍼센트가 한 교회 교인인 남포교회는 지금도 가가호호를 향해 새벽 차임벨을 울린다. 주민 다수가 교인이 아니고선 힘든 일이다. 마을은 교회를 중심으로 밀레의 〈만종〉을 보는 것처럼 평화롭고 은혜가 넘친다.

남포교회는 보령시 남포면 읍내리 179번지에 위치한다. 도로명으로 남포읍성 1길 44이다. 보령시 관문 대천역에서 6킬로미터 남짓

남포읍성의 현재 모습.

떨어진 전형적인 면 단위 시골교회다. 하지만 보령 시내가 가깝다 보니 교육, 소비생활 등이 시내로 빨려 들어가 읍치 남포읍성의 위세(位勢)는 옛말이 됐다.

그럼에도 이 마을은 '주께 합당'한 '예수 행복동'이다. 세상살이가 호락호락하지 않으므로 세상 속의 분쟁과 시기가 없을 리 없지만 예배당 문을 열고 들어서는 순간 하나님의 의가 아닌 자신의 의였음을 회개하는 하나님의 공동체인 것이다.

2015년 6월 말, 행복동 주민이 교회에 모여 신앙생활을 얘기했다. 문이혁(86), 박영규(80), 이송자(78), 김광자(72) 명예권사, 이상인(74) 원로장로, 최병동(60) 시무장로, 안근수(59) 권사, 서승숙(47) 사모 등이었다. 박 권사가 "옛날얘기 하니 참 재미지네요"라며 말 보따리를 풀어냈다. 박 권사는 이곳에서 태어나 할머니 품에 안겨 교회를 다녔다. 평생 남포를 떠난 적이 없다.

이들은 이날 서로 "맞아, 맞아" 하며 호응하고, 박수치고, 끄덕이고, 갸우뚱하고, 이해하고, 아쉬워했다. 환한 미소가 이들의 또 다른 언어였다. 반평생 이상을 같이한 교우들이기에 더할 것도 뺄 것도 없었다. 누구네 집 자녀들은 어떻게 축복받았고 누구 집은 몇 대째 신앙가문이라고 귀띔하기도 했다. 애기 손발톱이 다시 나도록 사시다 천국 간 원로권사, '예수와 결혼'한 처녀 권사 얘기도 있었다. 손발톱이 새로 난 이는 3년 전 소천한 김순금(작고 당시 106세) 명예권사다. 처녀 권사님은 20대에 '예수와 결혼'을 선언하고 지난해까지 이 교회 중고등부를 이끌던 곽선옥(74) 권사다.

남포교회는 20세기 초 미국 남장로교 군산선교부를 통해 복음의 씨앗이 심어졌다. 북상(北上) 순회 선교하던 선교사들이 해안에 상륙해 만나는 이들에게 쪽복음을 전했다. 선교사 부인으로 추정되는 ‘뚜부인’이 교회 설립에 결정적 역할을 했다는 전언이다. 그 ‘뚜부인’이 누구인지는 밝혀지지 않았다. 그 후 남포읍성 백성은 ‘스스로 그렇게 된(自然)’ 예수공동체가 됐다.

이들은 1919년 이전 남포읍성 읍내리 이방환 씨 집에서 가정예배를 올렸다. 최, 조, 전, 차, 강씨 성을 가진 이들과 함께였다고 전해진다.

그리고 3·1만세운동으로 한반도 전체가 일제로부터 사슬을 끊고자 일어났던 그해 3월, 이 옛 성읍 동문 밖에 초가 세 칸짜리 공식 예배당이 마련된다. 이것이 열에 아홉이 교인인 ‘예수 행복동’ 탄

성곽 옆 남포교회 모습.
예배당을 배경으로 주요 임직자들이 기념사진을 찍었다.

생 배경이다.

"제가 정말 놀랍다고 생각한 건 교회 역사 이래 단 한 번의 분쟁이 없었다는 거예요. 좁게는 남포 지역, 넓게는 보령의 모교회 역할을 하면서 사현교회, 화덕교회 등 여섯 교회를 분립했고, 인근 10여 교회를 이끌었어요. 단 하나도 다툼에 의한 교회 설립이 없었습니다. 구역 분립이었죠."

김 목사가 사료와 구술을 통해 교회 역사를 정리하면서 느낀 소감을 말했다. 한국 교회는 교인과 목회자가 자기 의를 내세우다 분열과 다툼으로 이어진 경우가 잦았다. 그러나 적어도 남포교회만은 역사 이래 하나였다. 일제강점기, 6·25전쟁, 1950~1960년대 장로교 분열, 1970~1980년대 교회의 폭발적 증가 과정에서도 그들은 늘 일치했다.

이상인 장로의 말. "제가 어렸을 때 부활주일에 흰 옷 입고 거리에 나선 이들 모두 우리 교회 교인이었어요. 말끔하게 차려 입고 예배에 참석했거든요. 우리는 우리 부모들이 그랬던 것처럼 교회에 들어서면 모든 감정을 내려놔요. 한 마을에 살다 보니 왜 감정 충돌이 없겠어요. 하지만 그것을 이유로 교회 출석을 어기는 경우는 없었어요. 장의자에서 서로 떨어져 앉더라도 반드시 출석해 교회 형제라는 사실을 잊지 않았죠."

이러한 전통은 지금도 '잠시 미운 사람과 주일 예배시간 떨어져는 앉아도 그 미운 마음을 다음 주까지 가져가지 않는다'는 '남포교회 불문법'으로 이어지고 있다. 이것이 90퍼센트 복음화율을 자랑하는 남포읍성 교인들의 자부심이다.

남포교회는 "네 상에 둘린"(시 128:3) 자가 재적 130여 명, 출석

100여 명이다. 노년 대 비노년 비율 6대 4로 여느 농촌교회와 달리 조화를 이루고 있다. 20여 명의 성가대원, 30여 명의 주일학교 및 10여 명의 중고등부 학생은 100년의 미래다.

최 장로는 "시내(대천동)에 사는 자녀들이 주일이면 모교회로 출석해 성가대에 서고, 손주들은 주일학교나 중고등부 예배를 본다"며 "어려서부터 동네 사람 모두 교인이었고 교회와 마을이 하나라는 인식 속에 자라서 그런지 자부심이 대단하다"고 말했다.

이들의 자부심은 훌륭한 목회자가 많은 데서도 알 수 있다. 기독교장로회와 범장로회를 이끈 강상숙, 박준철, 유영소, 김윤경, 강요섭, 박기수 등 20여 명의 목회자를 배출한 교회이기 때문이다. 현 서울 경동교회 박종화 목사와 그 동생 박승화(작고, 서울 송암교회) 목사도 이 교회에서 신앙생활을 하면서 성장했다. 특히 박 목사의 아버지 박준철 목사의 5형제, 즉 형 준필, 동생 준상, 준기, 준홍 등이 모두 목회자였다.

1950~1960년대 '거지대장'으로 불리며 훗날 사회복지 시설을 세워 구제에 앞장섰던 백영규(전북 완주 원암수양원 이사장) 당시 전도사도 빼놓을 수 없는 인물이다. 그는 재임 당시(1960년대) 보령 및 충남 서해안 인근 부랑자들을 끌어모아 교회 안에서 먹이고 입혔다. 요즘으로 치자면 노숙인 선교였던 셈이다. 그때 남포교회는 부랑인 선교를 위해 예배당과 마을 고구마 저장 굴을 사용했다. 저장 굴을 기도 굴로 만든 것이다. 지금은 그 흔적을 찾아보기 어렵다. 이렇듯 교회의 나눔 정신은 후대 목회자와 교인 등에게 많은 영향을 끼치며 오늘날까지 이어지고 있다.

1914년 군·면 통폐합 이전의 남포는 현청과 군청이 있던 읍성

남포향교 안쪽에서 정문을 찍었다. 자귀나무에 꽃이 피었다.

이었다. 읍성은 고려시대 축성됐으며 동·서·남문 등이 옹성으로 되어 있어 왜구가 감히 접근하지 못했다. 1895년 고종 때 현에서 9개 면을 관할하는 군이 됐으나 일제강점기 보령군에 편입되면서 급격히 쇠락했다. 더욱이 1931년 장항선이 개통되면서 보령 대천역을 중심으로 형성된 상권으로 옛 고을 명맥만 남게 됐다.

남포교회는 세워질 당시만 해도 충남 중부 해안의 선교 거점이었다. 6·25 때는 예배당을 인민위원회 사무실로 내주는 어려움도 있었다. 그런 속에서도 "인민군의 감시를 피해 교인들 집에서 가정예배를 드렸다"고 문 권사가 회상했다. 전쟁이 끝나고 성도가 급격히 늘었다. 그들은 지금의 읍성 동문 밖에 새 예배당을 지었다.

남포교회의 배경을 이루는 옥마산과 성주산은 근대화 시대 석탄산업의 중심이었다. 장항선 남포역은 성주탄광을 잇는 철도 옥마선 시발점이었다. 이 석탄 산업으로 남포 그리고 남포교회가 한때 부흥했었다. 그러나 지금은 폐광되어 보령석탄박물관 등으로 쓰인다. 이 상인 장로는 그 탄광에서 일했다. 집하된 석탄을 각 지방 연탄공장에 나눠 출하하는 계장 직책이었다. 권한이 막강했다. 연탄공장 사장들이 그에게 잘 보이기 위해 돈을 찔러주던 시절이었다.

그의 성품을 잘 아는 교인들은 "당시 부정부패가 만연한 때라 장로님이 맘만 먹으면 큰 부자 됐을 것"이라고 농담을 건넸다. 그들은 "우리 남포 교인들은 자신이 무슨 일에 있든지 성경에 어긋나는 일을 해서는 안 된다고 교회에서 배웠다"고 말했다. 이 장로는 "그런 부정 행위를 한다는 것은 교인으로서 창피한 일"이라고 짧게 말했다.

충남 서천, 보령 지역은 충남 여느 지역과 달리 기독교장로회 교회 수가 월등하다. 미 남장로회 군산선교부 영향이 컸기 때문이다.

남포면 20여 개 교회 중 10여 개가 기장교회다. 기장의 특성을 이어받은 남포교회는 구제와 투명성 문제에 남다르다. 그러면서도 기도굴에서 성령의 거하심을 간구하는 교회다.

남포교회는 2019년 설립 100주년을 앞두고 있다. 조선 세조 때 문신 이승소는 이 남포읍성을 두고 "만고의 외로운 옛 성이 있는데 바깥 바다와 안의 산이 웅장하다"고 노래했다. 이제 '영혼 구제 100년의 복음'은 남포읍성 복원과 함께 '문화 및 영성 선교 100년'을 준비하고 있다.

남포교회

설립연도 1919

담임목사 김상욱   현 주소 충청남도 보령시 남포읍성 1길 44

- 1952년 남포초등학교 정문 계단에서 찍은 시찰 10주년 기념사진이다.
- ■ 성벽 아래 공덕비.
- ■■ 고을 수령이 업무를 보던, 남포읍성 내 동헌의 모습.

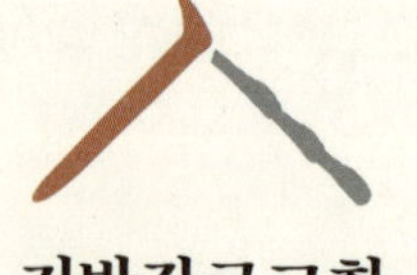

지방장로교회
충남 금산 진산읍성

벽촌의 제사 문제, 조선을 뒤흔들다

'실학로(實學路)'. 성리학의 관념성과 경직성을 비판하며 실사구시의 학문태도를 강조한 실학. 대표적 실학자 정약용 외에도 유형원, 이익, 박지원, 홍대용, 박제가, 김정희, 최한기 등이 대표적이다. 임진왜란 이후 피폐하고 경직된 조선이 살 수 있는 탈출구였다. 그러나 조선 정부는 정약용 등 실학사상을 지닌 이들을 하나님을 믿는다는 이유로 대참수했다. 우리는 '다산 정약용'으로 아이콘화된 실학을 지금도 사회 현실을 비추는 거울로 삼는다.

도로명 실학로. 정약용이 태어난 경기도 양평이나 그의 유배지 전남 강진에 있는 길이 아닐까? 그런데 그 실학로는 충남 금산군 진산면에 있다. 대둔산 자락 아래 산골 동네다. 이 '역사 이름 길'은 6.5킬로미터다. 서대전역에서 635번 지방도를 따라가다 보면 15킬로미터 지점에서 대둔산 쪽으로 이어진다. 2014년에 전면 시행된 새로운 주소 체계에 따라 붙여진 길 이름이기도 하다. 그 실학로 중간 지점 지방리. 지방장로교회와 천주교 진산성지성당이 800미터 거리를 두고 있다. 이 신·구교 회당 두 곳이 실학로로 명명된 이유다.

진산면 지방리 지방장로교회 주일예배 후 교회 앞마당 느티나무 아래서 만난 이 교회 출신 지역 교회사 연구가 류흥수(81, 금산제일교회) 은퇴장로의 얘기.

"지방장로교회가 세워진 것이 1903년 일입니다. 그런데 그보다 1세기 전인 1791년 바로 이 마을에서 조선을 뒤흔드는 정치적 사건인 '진산사건'이 발생합니다. 실학자 윤지충(1759~1791)과 권상연(1759~1791)이 하나님을 믿는다는 이유로 참수당한 사건 말입니다. 이곳 출신인 윤지충은 정약용의 외사촌이면서 한국 기독교 최초 순교자입니다. 그는 어머니 권 씨 상을 당해 고향으로 내려왔는데, 교리에 따라 위패를 불태우고 제사를 지내지 않았습니다. 그의 고종사촌 권상연도 함께했고요. 이 벽촌에서 일어난 제사 문제가 조선 정국을 뒤흔들 줄 누가 알았겠고, 하나님 믿는다는 이유로 3대가 멸문지화를 당할 줄 누군들 알았겠습니까?"

진산성지성당 출입구 오른쪽에는 두 순교자의 기념비가 나란하다.

"위패를 불태운 사건이 조정에 알려지고 정파 싸움의 빌미가 됐죠. 정약용 등 소위 남인 제거를 위한 '신유박해'의 시작이었죠. 진산은 지금도 산에 둘러싸인 오지인데 당시엔 어떠했겠습니까? 중앙정부의 관심 지역이 아니었죠. 진산관아에선 바로 윤지충을 체포했어요. 권상연은 관아에 자진 출석해 무군무부(無君無父)의 신앙이 아니라며 항변했으나 먹힐 리 없었죠.”

류 장로는 한참을 설명하다 교회 앞길로 이끌었다. 그는 이 길이 '실학로'가 되어야 하는 이유를 소명해 그 명칭을 관철시킨 인물이다.

“이쪽이 전주(全州) 방향입니다. 진산은 당시 전라도 땅이었으니까요. 두 순교자와 권 씨, 윤 씨 3대가 손발이 묶인 채 전주 감영으로 향했겠지요. 그때 전주 가는 길이 오죽 험난했겠습니까? 죄인을 말 태워 보냈을 리 없고 순전히 산길을 걸어서였겠지요. 생각만 해도 끔찍합니다. 세 살배기까지 죽였어요.”

팔순의 장로는 이렇게 설명하면서 눈물을 흘렸다. 말을 제대로 잇지 못했다. 전후좌우를 둘러봐도 산만 보이는 동네. 한양까지 걸어서 보름 걸리던 시절이었다.

윤지충, 권상연에겐 배교를 강요하는 혹독한 고문이 이어졌다. 그러나 그들은 “가장 높으신 아버지를 배반하게 된다면 우리가 어디로 가겠습니까”라며 배교를 거부했다. 두 사람은 그해 12월 8일 끝내 전주 감영에서 참수된다.

패역한 성읍 진산은 폐현 지경에 이르렀다. 유배자, 몰락 양반, 전쟁의 화를 피하려는 백성 혹은 범죄를 저지르고 도망한 사람 등이 몰렸다. 이곳에서 만난 노인들은 “산세가 험하니 당연히 기가 센 땅이 되지 않았겠느냐” 말했다. 진산 사람들은 기복적이 될 수밖에 없었다. 같은 연유로 지금도 이 지역엔 크고 작은 사찰은 물론 무속, JMS, 구원파 등 종교적 특수성이 어느 지역보다 짙다. 특히 JMS 교주가 태어난 석막리란 곳은 그들에 의해 성역화됐다.

18세기 말 두 순교자의 피는 100여 년이 지난 뒤 한국 사회에서

진산 지방장로교회.
예수 믿는다는 것이
고난의 길임을 잘
알려 주는 상징적 지역인
진산읍성에 세워졌다.

지방장로교회 인근 폐교된 초등학교가
전통문화체험관으로 운영되고 있다. '실학로' 길가에 있다.

지방장로교회 마당의 철제 종탑.

흔치 않은 자생적 개신교회의 설립으로 이어진다. 지금의 지방장로교회다. 설립 연도가 문서상으로는 1906년, 구술상으로는 1903년인 금산 지방 첫 교회가 이곳에서 출발했다.

류 장로는 "집안 구전으로는 할아버지 류기택(한학자, 1860~1919) 어르신께서 1903년 서울에서 YMCA 창립 멤버로 가입하시고 1903년 12월 12일 사랑방에서 '기독청년'이라는 간판으로 예배를 드렸다고 부모님께 수없이 들었다"며 "하지만 '지방리교회사'는 1906년으로 기록되어 있다"고 덧붙였다.

이렇게 시작된 지방리교회(당시 명칭)는 초대 영수 류기택에 의해 진산 및 금산 복음화에 불을 댕긴다. 류기택은 미국 남부장로교 선교사들의 지원으로 1909~1919년까지 매서인 및 권서인으로 활동하며 구령, 문맹 퇴치 교육에 힘쓴다. 그는 1909년 대한제국의 인가를 받아 교회 안에 4년제 민족학교인 심상소학교를 세운다.

이 교회 양광연 목사는 "1907년 무렵 두메산골 교회였지만 교인이 100명에 이를 정도로 급성장했다"며 "초대 당회장으로는 남장로교 마로덕(1875~1960) 선교사이나 워낙 산골이라 연 2회 정도 순회하며 문답과 성례전을 집례했다"라고 말했다.

이 교회를 중심으로 배출된 기독교 인재들은 1914년 진산군이 금산군에 흡수되면서 금산 지방의 초기 기독교인이 되어 지금의 진산교회 등 곳곳에 교회 설립을 해나갔다. 금산군은 1963년 1월 1일 전북에서 충남으로 편입됐다.

진산 성읍은 전통 향촌 사회가 기독교 전래와 함께 어떻게 변해가는지 엿볼 수 있는 지역공동체의 역사이다. 조선 후기, 권력 다툼에서 밀려난 남인 계열 양반이 진산이라는 험한 산세의 향촌에 자리를 틀었다. 진보적인 그들은 서학(기독교)을 받아들이며 반상 갈등을 극복해 나갔다. 양반가 류기택은 "하나님 앞에서 모두가 형제요, 평등하다"라며 복음을 전한다. 류홍수 장로의 말이다.

"할아버지는 지방리 토호였고 텃도지(가난한 사람이 땅을 빌려 지은 집의 집세를 일컫는 말) 등을 받았죠. 할아버지 땅을 밟지 않고 살기 힘들었죠. 개명한 할아버지가 '교회 출석하면 텃도지와 장리를 깎아 주겠다. 내 소유 산에서 나무를 마음대로 해도 된다' 하는데 누가 안 나오겠어요. 지게에 '지방리교회'라는 화인도 찍게 했어요. 초기 선교 형태였죠. 한데 문제가 발생해요. 증조부의 경우 '상것에게 텃도지 낮게 해줬더니 그것마저 못 내겠다고 버티며 양반에게 덤비냐', '성경 가르침대로 못 하겠다'라고 형님에게 반발하기도 했습니다. 그리고 그것이 경제적인 것들과 맞물려 지역공동체의 갈등으로 이어집니다. 교인이라 하더라도 신분과 처지에 따라 계급 갈등을 겪은 거죠. 식민 지배와 전쟁 등이 개입되면서 이런 불화가 증폭됩니다."

진산 지역만 해도 이 좁은 곳에서 교회 분리 개척과 분열 개척 등이 혼재한다. 이 같은 불편한 진실은 어느 지역이나 비슷하다. 인구 350여 명에 불과한 지방리만 해도 교회가 세 개다.

"그런데 중요한 것은, 사탄의 책략 같은 과정 속에서 하나님의 선하심과 인자하심은 반드시 드러난다는 거예요. 이방신이 유독 많은 이곳에서 신앙심이 더 깊어지는 이치와 같죠. 회당은 형제의 하나 됨을 위한 하나님 아버지의 품 같은 곳입니다. 진산의 구령 운동이 그러했습니다."

지방장로교회

설립연도 1903

담임목사 양광연   현 주소 충청남도 금산군 진산면 실학로 138

■ 진산향교 명륜당.

■■ 진산성지성당 출입구 오른쪽에 윤지충과 권상연의 순교기념비가 나란하다.

호남 지역

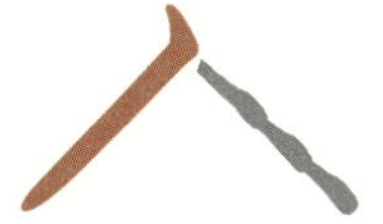

고부교회
전북 정읍 고부읍성

'궁글러서라도' 교회에 간당게요

　"아버지, 난 궁글러서라도 예배당 간당게요." 전북 정읍
시 고부면 고부교회 은승자(72) 권사가 눈물 글썽이며 옛 얘기를 했
다. 은 권사는 열여섯 살 때부터 예수를 믿었다. 고부 양조장집 딸이
었다. 어린 승자는 찬양을 참 잘했다. 그 아버지는 부흥회 간 승자를
경북 김천에서 '잡아' 왔다. 기도원 원장이 "이 아이가 당신네 가정
믿음의 조상이 될 것"이라고 했으나 아버지 귀에 들어올 리 없었다.
아버지는 승자를 일주일간 집에 감금했다. 그래도 승자가 뜻을 굽히
지 않자 작두를 가져다 놓고 딸을 말렸다.

　"궁글러서라도(굴러서라도) 간당게요." 딸의 그 단호함에 아버지
가 무너졌다. 자식 이기는 부모 없다. "그래 다니거라⋯⋯." 은 권사
의 형제자매 육 남매는 그렇게 교회를 다니게 됐다. 작두를 들었던

718미터에 이르렀다는 고부읍성은 흔적만 남아 있다.

아버지는 말년 고부교회를 다녔고, 성경을 몇 번씩 읽었다.

고부교회. 1894년 동학농민혁명 발생지 고부읍성에 있다. 그해 음력 1월 전봉준 휘하 농민군은 고부봉기로 고부읍성을 접수했다. 음력 4월 전주성 봉기, 음력 9월 전주·광주 궐기가 있었다. 고부군수 조병갑의 학정과 수탈이 직접적 원인이었다. 동학이라는 종교적 외피를 입었으나 반외세, 반봉건의 민족운동이었다.

혁명은 실패했다. 일본과 청나라를 끌어들인 조정은 농민군을 섬멸했다. 헤롯의 학살과 같았다. 반란의 성읍 고부는 사실상 폐군됐다. 그리고 1914년 당시 정읍군에 편입돼 면으로 남게 됐다.

고부읍성에 복음이 들어온 것은 1924년이다.
화인(火印)이 찍힌 갈릴리 나사렛과 같은 마을에
복음조차 들어가기가 쉽지 않았다.

고부읍성에 복음이 들어온 것은 1924년이다. 화인(火印)이 찍힌 갈릴리 나사렛과 같은 마을에 복음조차 들어가기가 쉽지 않았다. 복음의 경로는 정확히 알 수 없다. 구전 등을 종합하면 고 은명기(1921~1996) 목사의 모친 강효순 여사의 집 등에서 예배가 시작된 것으로 알려졌다. 이 예배는 이근택 전도사를 모시고 1927년까지 계속됐다. 그리고 이듬해 정희수 조사가 지금 교회 자리에 예배당을 신축했다. '은 감찰'(은세창)로 불리던 은 목사의 할아버지가 드러나지 않게 재정적 지원을 했다. 은 감찰은 지역 유지였던 것으로 보인다.

고부교회 기반을 다진 정희수 목사는 전주 신흥학교, 군산 영명학교, 평양 숭실학교, 평양신학교 등을 다녔다. 일제강점기 고부읍교회(고부교회 전신) 등 전북 서부지역 순회 목회 등을 통해 구령에 힘썼다. 은명기 목사는 1972년 유신반대 투옥, 1980년 5 · 18광주항쟁 수습위원 등으로 활동하며 공의의 목소리를 높이던 재야원로였다.

고부교회는 오늘도 그 '저항의 땅'에서 아이들과 늙은 부모 세대를 섬기고 있다. 농촌 교회가 그렇듯 젊은 사람을 찾기 쉽지 않다. 그들은 1980년대까지 '고부 사람'이라는 말을 제대로 할 수 없었다. 고부는 시각에 따라 반역의 땅이었고, 저항의 땅이었기에 그들은 늘 숨죽이며 살아야 했다.

5월 초. 이 교회 노시점(54) 목사와 백덕자(57) 사모는 재량휴일로 등교하지 않는 고부지역아동센터 아이들을 돌보느라 바빴다. 이 아동센터는 2006년부터 교회가 운영하고 있다.

25명의 아이들은 "목사님, 목사님" 하며 응석을 부렸다. 초등학교 2학년, 4학년 학생들이 주를 이뤘다. 아이들 셋에 하나는 조손 · 한부모 · 다문화 가정이다. 자녀가 없는 노 목사 부부는 아이들을 친

자식처럼 돌보고 있다.

노 목사는 "아이들이 매스컴을 통해 보고 듣는 것이 많으나 현실은 그만큼의 문화적 혜택을 누릴 수 없어 욕구불만에 차 있다"며 "더구나 가정적인 문제 등으로 공격성과 무기력 사이를 오가며 상처를 드러내기도 한다"고 말했다. 이날 노 목사는 잠시도 가만있지 않는 아이들을 차에 태우고 '전봉준 생가' 등을 둘러봤다. 다음 날이 '어린이날'이라 아이들은 정읍 시내에 나가 피자 먹는 꿈에 부풀어 있었다.

"하나님께 감사하죠. 만약 교회마저 없었다면 이 아이들의 정서를 누가 어루만질 수 있을까요. 사랑받기 원하는 아이들입니다. 한적한 시골 동네일 수 있으나 하나님 안에서라면 우주에서 크는 아이들이죠. 아이들에게 교회라는 울타리는 넓은 의미의 집입니다."

부부에게 섬김의 대상은 또 있다. 30여 명이 채 되지 않는 교인들이다. 고부의 모교회로 한때 100여 명이 출석했으나 지금은 70대 이상 나이든 교인만 남았다. 사모가 아프기라도 하면 반주자조차 없다. 1978년 헌당된 예배당은 마루가 뒤틀려 튀어 오르고 비가 새도 긴급 손질 외에 달리 손을 쓰지 못하고 있다. 기독교장로회 총회 지원으로 간신히 유지되고 있는 미자립교회다.

그럼에도 보혜사 성령은 '궁글은' 자들에게 있다. 웅크린 이들에게 예수가 다가와 손을 내밀었기 때문이다. 1960년대 말. '별세신학'의 거장 이중표(2005년 작고·전 서울 한신교회) 목사가 이 낮고 작은 교회에 부임했다(1967~1970년). 이 목사의 첫 목회지였고 전도사 신분이었다. 그때도 전도가 쉽지 않았다. 정읍은 우상숭배와 이단종파가 강세를 보인 지역이었기에 교회가 핍박 속에서 살아남기

고부교회는 향교 명륜당 앞에서 가장 아름답게 보인다.
명륜당 앞에서 동쪽으로 눈을 들면 객사와 동헌 자리에 고부초등학교
교사(校舍)가 있다. 운동장 너머 아담한 흰색 예배당이 그림처럼 들어온다.

쉽지 않았다.

이 전도사는 고부를 쉼 없이 돌아다니며 복음을 전했다. 아무도 들으려 하지 않았다. 그는 시장으로 가 한 할머니를 붙들고 말씀을 전했다. 하지만 도무지 알아듣지 못했다. 젊은 전도사는 자신의 신세가 처량해 왈칵 울음을 쏟았다. 작은 예수의 서러운 눈물이었다. 훗날 이중표 목사는 간증을 통해 "내가 막 우니까 그 할머니가 딱해 보였든지 고부장터 전도 1호 성도님이 되셨다"라고 간증했다. 할머니가 '교회 나가 주는 선심'을 쓴 것이다.

은승자 권사는 이중표 목사를 기억했다. "이 목사님은 정말 영혼

이 맑으신 분이었어요. 시골 교회 목회자로 훌륭하신 분이었죠. 농사철이 되면 나서서 논, 밭에서 모도 심고, 풀도 매셨어요. 그렇게 해서 곡식이라도 생기면 이웃 이평교회(이평면) 식구들 먹을 것으로 주시고 그곳에서 순회 설교하시곤 했어요. 또 성도가 교회에 나오지 않으면 그 집에 먹을 것이 없는 줄 금방 아세요. 안 믿는 사람이 굶는다는 소리를 들어도 '이웃이 굶는 것은 내 책임이다'며 당신 밥숟갈을 줄여 도우셨어요."

1960~1970년대 고부교회는 활발했다. 100여 명이 넘는 출석 교인으로 예배당이 꽉 찼다. 은 권사를 주축으로 한 성가대는 호남 명산으로 불리는 두승산에 올라 성가 연습을 해 '정읍시찰회 성가대회'에서 1등을 하기도 했다.

고부교회는 은명기를 비롯해 은형규, 은희용, 안종수, 김용성, 남성수 목사 등 많은 장로교 목회자를 배출했다. '정의의 선지자' 아모스 같은 인물들이 공의를 실천했다. 그러나 그 공의는 고부읍성의 쇠락만큼이나 쓸쓸하다. 많은 이들이 빛도 없이 세상 속에서 멸실되고 잊혀져 간다. 세상적 기준으로 초라하고 외로운 삶이었다.

이 세상에서의 힘없음은 무수한 신앙의 흔적을 잃게 만들었다. 일제강점기 교회 당회록 등이 남아 있지 않고, 6·25 당시 교회의 움직임 등을 알 수 있는 근거가 없다. '사도행전'을 돌에 새겨 후대에 전달하지 못한 교회는 더는 세상의 빛과 소금이 될 수 없을 것이다.

그래서일까. 한때 전주 다음 갔던 풍요의 고부읍성은 한적하다 못해 적막하다. 성읍 영화의 상징 연정(蓮亭) 군자정도 적막하기는 마찬가지였다. 군자정은 수령 조병갑이 백성의 고혈을 짜 축재하고, 그 재물로 기생 끼고 풍악을 울리던 곳이다.

718미터에 이르렀다는 고부읍성 또한 흔적도 없다. 금학루, 민락정 등 문헌에 남아 있는 건축물의 터조차 알기 쉽지 않다. 다만 향교가 동헌 자리였던 현 고부초등학교 왼쪽에 남아 있어 고부가 옛 성읍임을 증명한다. 일제가 동헌이나 객사를 보통학교로 사용했고 향청(鄕廳), 사령청(使令廳) 등 읍성 부속 건물은 우체국, 조합 건물 등으로 썼던 통례를 감안한다면 고부의 영화는 1892년 수령 조병갑 부임 전과 후로 나뉠 듯하다. 한 사람의 탐욕으로 고부는 이렇게 수대에 걸쳐 땅과 사람이 피폐한 고장으로 남게 됐다.

지금 호남평야 곡창지대로 풍요했던 옛 고을 고부는 잠들어 있다. 그러나 91년 전통의 고부 지역 모교회 고부교회는 깨어 있다. 그 행색이 비록 예수의 옷 한 벌과 신발 한 켤레 같을지라도 그 누구도 남루하다고 말하지 못할 만큼 성스럽다. "궁글러서라도" 교회에 나간다는 은 권사, 아내 김공시(작고) 권사를 10년간 병 수발 했던 김영국(71) 안수집사도 예수의 축복과 은총에 힘입어 여전히 교회를 지키고 있기 때문이다. 그들은 예수 안에서 경건하게 살고자 했으나 핍박받은(딤후 3:12) 이들의 후손이다. "복음을 위하여 집이나 형제나 자매나 어머니나 아버지나 자식이나 전토를 버린"(막 10:29) 자가 되기를 원했던 이들의 후손이다.

2015년 5월. 성읍 향교는 굳게 문이 닫혀 있었다. 같은 시각. 고부교회 예배당 문은 활짝 열려 있다. 공의는 산 자와 죽은 자 모두에게 적용될 것이다. 들림은 육신만이 아니기 때문이다.

노시점 목사는 2005년 부임했다. 거쳐 가는 곳이라 생각했다. "길가에서 놀고 있는 애들에게 교회에서 밥을 해줬어요. 너무나 허겁지겁 먹어요. 그때만 해도 IMF 외환위기 여파가 가시지 않아 굶는 아이들이 있었어요. 조손, 한부모 가정 애들이 많았고요. '할머니, 교회 갔더니 밥도 줘'라는 얘기를 들었을 때 쿵 하고 얻어맞은 기분이었어요."

주저앉은 이유다. 그 아이들이 성인이 됐다. 기계공고를 나와 엔지니어가 된 아이도 있다. 이날 고부읍성 뒤 고사부리성을 향하던 길에 만난 죽순 캐던 동네 아주머니가 노 목사에게 하소연했다. "목사님, 우리 아들 돌아오게 좀 해주세요"라며 말이다. 비뚤어진 아들은 '탕자'처럼 집을 나갔다. 노 목사는 그 아이를 위해 기도 중이다.

"올바로 자란다는 건 공부 잘해 출세하는 게 아닙니다. 그 아이가 말씀대로 살아 축복받는 가정을 이루는 일입니다. 축복은 세상 말로 행복입니다. 교회는 행복을 주는 곳입니다. 예수가 그랬듯이요."

고부교회

설립연도 1924

담임목사 노시점 현 주소 전라북도 정읍시 고부면 교동2길 22-15

- 고부읍성 잔족 성벽 옛 사진.

무장교회
전북 고창 무장읍성

동학군이 접수한 성터, 복음이 꽃피다

"세상에서 가장 아름다운 교회 문이자 학교 교문이었다." 정말 그랬다. 전북 고창군 무장면 무장교회 교인들은 잊을 수 없는 추억을 얘기했다. 어린 시절 성읍 내 무장초등학교와 무장교회에 가려면 무장읍성 남문 진무루(鎭茂樓)를 통과해야 했다. 학교와 교회는 딱히 정문이 없었다. 성읍 주 출입구 진무루가 학교와 교회의 문이었다. 진무루 누각에 오르면 객사를 기준으로 왼쪽엔 학교, 오른쪽엔 교회가 있었다.

무장교회 김석열(63) 장로와 김선영(62) 안수집사는 유소년과 청소년기, 청년기까지만 하더라도 정면 3칸 팔작지붕 문을 지났다. 그곳 출신 오필록(49, 충북 옥천 행복한교회) 목사의 얘기다. "사람들은 지상에서 가장 아름다운 초등학교 정문이라고 했어요. 주일학교와 중고등부를 다녔던 우리에겐 그와 더불어 '세상에서 가장 아름다운 예배당 문'이었어요. 지금 더욱 생생하게 떠오릅니다. 그때는 가리방(등사판의 일본식 표현) 긁어 주보와 성극 대본을 만들었어요. 생각하면 마음이 울렁거립니다. 진무루 돌계단을 올라 왼쪽 흙길로 들어서 교회로 향하던 때가 엊그제 같습니다."

그 무장 예배당은 1995년 2월 26일 주일, 교인들이 마지막 기념 촬영을 한 것이 끝이었다. 다음 주일, 성곽 동문 쪽 지금의 '무장 남북로 40번지'에 번듯한 벽돌 교회를 건축하고 입당 예배를 올렸다.

이 무장교회는 3·1운동 직후인 1919년 3월 3일 설립됐다. 1928년 발간된 〈조선예수교장로회 사기〉 하권에 따르면 선교사 도마리아와 전도인 이도숙 등이 점진(漸進)해 개척한 것으로 기록됐다. 그리고 선교사 이아각과 조사 배순홍, 김종인 등이 시무했다. 이것이 비산비야(非山非野)의 고을 무장의 복음 전파 단초다. 이후 무장교회는 무장제일교회, 아산남산교회, 원천교회, 무장중앙교회 등으로 분리 개척하며 폐군(廢郡, 1914년) 무장의 모교회가 됐다.

이와 관련, 김호욱 광신대(역사신학) 교수는 "도마리아가 속한 미국 남장로회 연례 보고서 등을 분석해 볼 때 1900년 초 설립됐을 가능성이 높다"라고 했다. 연례 보고서, 즉 선교 편지에 무장교회라고 딱 집어 지칭하진 않으나 무장교회임을 짐작케 하는 문장이 곳곳에 눈에 띈다는 것이다. 김 교수는 "지금의 무장교회가 선교사 도대선, 남대리(한국명)에 의해 설립됐다고 잘못 알려져 있는데 설립자는 도마리아이며 그들의 관계 등은 더 연구해 봐야 한다" 했다.

무장읍성을 중심으로 한 무장면 소재지는 길 물어볼 사람조차 다니지 않을 정도로 인적이 드물었다. 유모차에 의지한 구부정한 한

무장읍성에 서니 무장교회가 멀리 바라 보인다.

할머니가 아스팔트 차도로 느릿느릿 움직였다. 거개의 농촌 마을이 이처럼 활력을 잃어 가고 있다. 교회도 그만큼 어려워지고 있다.

오전 11시 예배에 앞서 찾은 옛 무장교회당. '무장현 관아와 읍성 종합 정비계획'에 따라 공사가 한창이었다. 옛 교회당 터엔 폐기물이 쌓여 있었다. 2005년 9월 무렵까지만 하더라도 빈 예배당 건물이 있었다.

하얗게 페인트칠 한 바로크 건축 양식의 옛 예배당은 1968년 헌당된 것으로 165제곱미터 넓이의 블록벽돌 건물이었다. 그 교회가 헌당될 무렵 면 인구가 2만여 명, 가구 수가 500여 호에 이르렀다. 무장초교 학생 수는 1,600여 명으로 2부제 수업을 해야 했다. 지금 면 인구는 3,400여 명에 지나지 않는다.

성곽 동문 쪽 지금의
'무장 남북로 40번지'에
1995년 축조된 벽돌 교회.

"당시 교인도 200여 명에 이르렀습니다. 분립 등이 이뤄졌는데도 말이죠. 기도 열기가 넘쳤지요. 교회가 생활의 중심이던 때였으니까요. 저희 집은 교회 앞이었어요. 그땐 읍성 객사와 동헌 건물만 남아 있었어요. 토성에선 잡목이 자라 옛 성벽이라는 걸 짐작케 했죠." 김석열 장로의 회고다.

한국의 성읍은 18세기 이후 급락한 조선의 위상과 함께 그 기능을 잃으며 멸실된다. 그리고 1910년 일제강점기 시작과 함께 성읍 주요 건물인 동헌과 객사는 각기 면사무소와 보통학교(초등학교) 건물로 전환된다. 민족적 뿌리를 지우려는 일제의 의도가 폐(廢) 성읍의 주요 원인으로 작용했다.

보통 성읍은 동헌, 내아, 객사, 질청, 향청, 작청, 옥사, 관주 등의 건물로 구성된다. 무장읍성도 그러했다. 옛 무장 예배당은 〈신동국여지승람〉 지도를 기준으로 할 때 향청 자리에 세워졌다. 무장초교가 동헌을 학교 관사로 쓰고, 면사무소가 객사 건물을 사용한 것으로 볼 때 향청 건물은 교회당으로 쓰였을 가능성이 높다. 향청은 고을 양반들이 수령의 업무를 돕는 동시에 견제하기 위한, 지금의 시·군·구 의회 기능을 위한 건물이다.

그러나 무장교회는 대개의 한국 교회가 그러하듯 역사가 정리되어 있지 않다. 남아 있는 몇 줄의 연혁으로는 신앙의 시작을 알기엔 턱없이 부족하다. 유일한 자료가 〈조선예수교장로회 사기〉이다. 구술과 주보 등만 제대로 확보됐더라도 '역사 교회'의 신앙이 견고한 성을 이룰 수 있었을 텐데 아쉬움이 남는다.

1894년 동학혁명군 전봉준, 손화중, 김기범, 최경선 등의 동학 접주들이 봉기 직후 무장읍성을 무혈 접수하고 새로운 세상을 꿈꿨

다. 동학농민혁명 무장 기포지가 이웃 공음면이다. 동학농민혁명군
의 반외세 물결 속에 세워진 성읍 안 교회. 그 복음이 어떤 경로, 어
떤 방식으로 뿌리를 내렸는지 자못 궁금하지 않을 수 없다.

무장리와 그 인근 마을 교인들이 교회 미니버스에서 내려 예배
당 안으로 들어갔다. 주로 70대 이상 연로한 교인이었다. 주일 예배
가 시작되고 김건호(39) 목사가 〈온전한 믿음의 삶〉이란 주제의 말씀
을 선포했다. 디모데전서 6장 11절에 근거한 말씀이었다. "자기 이
익을 위하여 신앙생활을 할 때 하나님의 의와 경건, 믿음, 사랑, 인
내, 온유가 사라진다"는 말씀을 80여 명의 교인이 간절한 마음으로
경청했다.

김 목사는 "노령화가 한국 농촌 교회에 닥친 현실이긴 하나 예배

'무장현 관아와 읍성 종합 정비계획'에 따라
공사가 한창인 옛 교회당 터의 모습.

중심의 말씀 선포는 천국을 향한 열망이 되어 비크리스천이 교회 문을 두드리는 기적을 이룰 것"이라고 강조했다. 김 목사는 독거노인 보살핌과 청소년을 위한 장학회 운영 등으로 지역 선교의 모범 사례가 될 수 있도록 하겠다고 덧붙였다.

무장교회는 1970년대 한국대학생선교회(CCC) 설립자 김준곤 목사의 영향으로 청년부 기도운동이 활발했다. 그로 인해 이 교회 출신 목회자가 20여 명에 이른다. 신만식(서울 계명교회), 김희태(서울 동광교회), 서영풍(청주 맑은샘교회) 등이 가난한 시절, 목사 사택 방 한 칸에서 시작한 기도 운동의 열매들이다. 그 멤버 중 김석열 장로가 고향 교회를 지키고 있다.

무장교회

설립연도 1900년대 초

담임목사 김건호　현 주소 전라북도 고창군 무장면 무장남북로 40

- 무장초등학교와 무장교회에 가려면 통과해야 했던 무장읍성 남문 진무루(鎭茂樓). 최근 복원되었다.
- 현 예배당으로 이전 직전 찍은 사진. 사진 속 옛 예배당은 무장읍성 안에 있었다.

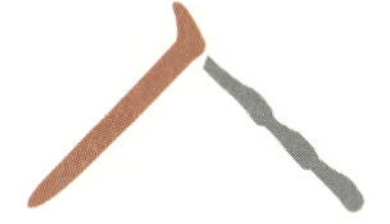

법성교회
전남 영광 법성진성

중세와 근세가 혼재하는 '신들의 공간'

교회 차량이 분주히 오갔다. 법성포구 시내는 신·구 도로 두 줄로 이어지는데 주일 아침 그 도로는 교회 차량이 지나는 것 외에는 한산한 편이었다. 그 도로 서북 방향 10킬로미터 지점에 영광원자력발전소가 있고, 40킬로미터 동쪽엔 광주광역시가 있다. 신·구 도로 양쪽엔 굴비 가게가 즐비하다. 소위 '영광굴비'의 본산이 이곳 법성포다.

법성교회는 옛 법성상고 터 앞 구길가에 위치한다. 예배당 마당에 서면 멀리 명소 숲쟁이꽃 동산이 한눈에 들어온다. 조선 중종 때 해풍을 막을 목적으로 심은 느티나무가 숲을 이뤄 붙여진 명칭이다. 그 동산 너머에 백제불교도래지가 테마공원처럼 펼쳐진다. '백제불교도래지'는 곧 법성(法聖)이란 지명의 연유다.

법성진성은 야트막한 산 위에 쌓은 석성이다.
이 석성은 북·서·남 벽 총 460미터가 건재한다.

이 테마공원은 전래의 정확한 위치가 불분명함에도 200여 억 원의 공사비를 들여 지난 2006년 문을 열었다. 18미터 높이의 불상 등 다양한 시설이 들어섰다. 영광군 기독교인들의 반대가 심했으나 저지하기엔 역부족이었다.

반면 '지금도 살아 있는' 조선 진성(鎭城)과 그 성읍 내 문화재 그리고 일제강점기 근대 문화재류 등은 속수무책으로 사라지고 있다. 법성은 중세와 근세가 혼재하는 역사 공간인데도 실재(實在) 유적을 찾기 어려운 무속류가 '신들의 공간'을 만들어 내는 것이다.

'숲쟁이꽃 동산'은 관광객을 위한 용어다. 역사유물 용어로는 법성진성이다. 조선 시대에는 쌀과 특산물 등으로 세금을 걷었는데, 이 세금을 쌓아둔 곳이 조창(漕倉)이다. 바닷길을 이용해 한양 도성으로 세금을 가져간 것이다. 이 때문에 항구 도시가 생겼다. 이 도시를 방어하고 치리하기 위해 성을 쌓고 수군을 주둔시켰다. 숲쟁이꽃 동산을 중심으로 한 마을 이름이 지금도 진내리인 이유다.

법성진성은 야트막한 산 위에 쌓은 석성이다. 이 석성은 북·서·남 벽 총 460미터가 건재한다. 석성과 관아 건물의 복원과 증축 등을 거치면 특정 종교 테마파크 이상일 텐데 복원 및 증축의 기미는 보이지 않는다.

법성교회. '제114권 40호'라고 표기된 법성교회 주보를 받았다. 1900년에 교회가 시작됐다는 얘기다. 교회에 들어서니 청년들이 강단에 일렬로 서서 준비 찬송에 열심이었다. 곧이어 성가대가 들어와 착석했다. 작은 면 단위 교회에 활기가 넘쳐 보였다. 3,000여 가구, 6,300여 명의 면민이 산다. 그 인구 가운데 500여 명이 이날 예배당 안에 있었다.

법성교회 시작은 이러하다. 구한말 일제의 야욕이 노골화되면서 일본 상인자본이 이 옛 고을에까지 미친다. 조선 땅에서도 상행위가 활발한 곳이었기 때문이다. 일본 상인들은 곡물과 어류 등을 거래해 자본을 축적한 후 상업자본을 만들어 이 일대 간척에 나섰다. 법성포 평지는 대부분 구한말과 일제강점기에 조성됐다.

이때 독실한 크리스천인 '에미상'이란 여인이 가족과 함께 이곳까지 들어왔다. 법성교회 요람은 "당시 법성면 법성리 642번지 에미상 집에서 8세 아동 3명이 모여 첫 예배를 드렸다"는 구전된 내용을 담고 있다. 642번지는 포구가 훤히 내려다보이는 전망 좋은 곳으로, 일본인 고급 가옥이 많았다.

이 구술은 3대째 신앙을 이어온 송덕천 원로장로 가(家)에서 비롯했다. 반면 첫 문서 기록은 1918년이 시작이다. 〈조선예수교장로회사기〉(1928년 간행)에 따르면 "1918년 9월에 배유지 선교사가 미국 남장로교 선교회에서 75만 원을 후원받아 20여 평의 초가 ㄱ 자 예배당을 4개월에 걸쳐 짓고 그해 12월 중순 100여 명의 성도가 모여 예배를 드리다"라고 기술됐다.

그리고 1940년 1월 17일자 〈조선총독부 관보〉는 "조선 야소교 법성포교회가 진내리 201번지에 소재"라고 못 박고 있다. 진성 동헌 터 아래 초가 예배당에서 예배와 야학이 겸해졌다는 것을 각종 사료를 통해 알 수 있다. 어쨌든 용왕제 등 민간신앙과 함께 우상 숭배가 강했던 이 지역에 복음이 어렵게 정착했음을 알 수 있다.

그리고 1950년 6·25로 법성포가 인민군 수중에 떨어지기 열흘 전쯤인 9월 초순. 예언의 종소리가 울렸다. 이 교회 1대 장기탁 장로(2008년 작고) 등의 목격으로 작성된 교회사.

조정은 바닷길을 이용해 한양까지 세금을 걷어 갔다.
법성진성에서 바라본 법성포구.

"9월 첫 주부터 예배당 종탑이 연 4일간 동네 전체에 주야로 울
렸다. 너무 신기해 종탑 밑에 등을 대자 온몸에 그 진동이 전달돼
가슴이 출렁일 정도였다. 중국으로 배를 타고 가던 상인이 길조라
고 했다. 이 일이 있은 후 인민군이 내려온다며 사람들이 피난을 떠
났다."

9월 15일 인민군이 성읍 마을에 총을 쏘며 진입했다. 그리고 참
화가 이어졌다. 기독교인 명단을 찾아낸 그들은 면사무소 창고에 당
회장 김종인 목사를 가두었다가 대사고개라는 곳으로 끌고 가 양잿
물을 삼키도록 했다. 김 목사가 양잿물을 삼키지 않고 입에 머금고
있자 칼로 목을 쳐 사망케 했다. 이 소식에 큰딸 김순화는 "공산당 물
러가라" 외치며 다녔다. 그는 인근 신덕동 저수지로 끌려가 발가벗

겨진 채 대창에 온몸이 찔려 죽었다.

장 장로도 집으로 들이닥친 인민군 손에 죽음 직전에 직면했다. 그는 간신히 탈출했으나 부인 송옥수 집사가 잡혔다. 송 집사는 박옥남 집사, 김진복 청년 교인 등과 함께 전깃줄에 손이 묶인 채 끌려가 엄목산 밑 해수 둠벙 앞에서 대창에 찔린 후 둠벙에 버려졌다. 이때 전국 순회 복음전도인이었던 이광년 전도인도 희생됐다. 영광은 야월교회순교기념탑 등이 상징하듯 순교의 고장이다. 야월교회, 염산교회, 법성교회 등에서 수많은 피를 흘려야 했다.

그러한 역경을 이겨낸 법성교회는 종소리 예언과 순교 등의 영향으로 교인이 급격히 늘었다. 한국대학생선교회(CCC) 설립자 고 김준곤 목사가 당회장으로 있던 무렵이다. 1953년 지금 교회당 뒤 포구 쪽에 새 예배당을 매입, 구령 열기를 높여 갔다. 그 예배당은 파

법성교회 전경.

시 등으로 흥청대던 일제강점기에 지어진 고급 요정 해월루였다. 이어 1978년에는 지금의 자리로 옮겼고, 이 자리에 2006년 현대식 석조 예배당이 봉헌됐다.

법성교회는 영광원자력발전소 사택 주거인구 등으로 2004년 최정점을 찍다가 법성-광주 간 고속화 도로가 생기면서 인구가 유출, 교인 역시 줄었다. 그럼에도 90여 개 영광군 내 교회 중 두 번째로 교인이 많다. 현재 이 교회에는 이낙연 전남지사의 어머니가 출석한다. 법성면 출신인 이 지사는 어머니와 함께 가끔 예배를 드리곤 한다.

이날 이병화(42) 목사는 "교회란 무엇인가?"라는 말씀 선포를 통해 정체기를 넘어 쇠퇴기에 접어든 한국 교회를 염려했다. "교회는 목사가, 장로가 주인이 되어서는 안 된다. 주의 종의 자세로 천국과 땅을 연결해 교회 공동체를 연결해 나가야 할 것"이라고 강조했다. 그러면서 세상 가운데서 선한 영향력을 끼치는 교인이 될 것을 주문했다. 이 목사는 10년 전 이 교회 전도사를 거친 후 지난해 청빙됐다.

법성은 우상이 유난한 지역이다. 전래 종교와 신흥 종교 성지로서 영향력이 강한 곳이기도 하다. 여기에 과학기술의 우상이라고 할 수 있는 원전이 갖는 미묘함이 배어 있다. 굴비는 특산품이나 맘모니즘이라는 양면성이 있다.

이 혼돈한 곳에 '영혼 구원하여 제자 삼는 교회'(마 28:18-20)라는 표어를 내세운 법성교회가 우뚝하다. '성읍 장자 교회'는 지혜자 장로들이 거센 세상 해풍을 막으며 느티나무 방풍림을 이루고 있었다. 이들을 만나 믿음 생활을 얘기했다. 이선학, 강성권, 최사휴 장로는 시무 관계로 함께하지 못했다. 먼저 송덕천(72) 원로장로. "3대째 법성교회를 섬긴다. 김준곤 목사님이 시무하시던 1953년 무렵 김 목사님 사택은 훗날 우리 집이 되었다. 돌아가시기 전 이곳을 찾으셔서 그 사택으로 안내했던 기억이 난다." 김영삼(69) 원로장로. "(40여 일 금식기도 등으로 빈틈없는 신앙생활을 한다는 장로들의 상찬이 있은 후 조용히 다가와서) 기자님, 금식기도 얘기 쓰지 마세요. 부끄럽습니다." 나병섭(80) 은퇴장로. "초등학교 때 담임이 교회 가자고 해서 다니기 시작했다. 그 일이 내 삶을 바꿨다. 감사할 일이다." 한문섭(58) 시무장로. "송덕천 장로님이 나를 전도하셨다. 아버지 같은 영향을 끼친 분이다. 교회를 섬기고 전도해야 하는 이유다." 송동필(64) 시무장로. "송 장로님이 형님이시다. 어릴 때부터 항상 예수 안에서 살았다. 흔들린 적도 있으나 결혼 후에 더 열심히 하나님을 섬겼다."

법성교회

설립연도 1918

담임목사 이병화 현 주소 전라남도 영광군 법성면 진굴비길 33

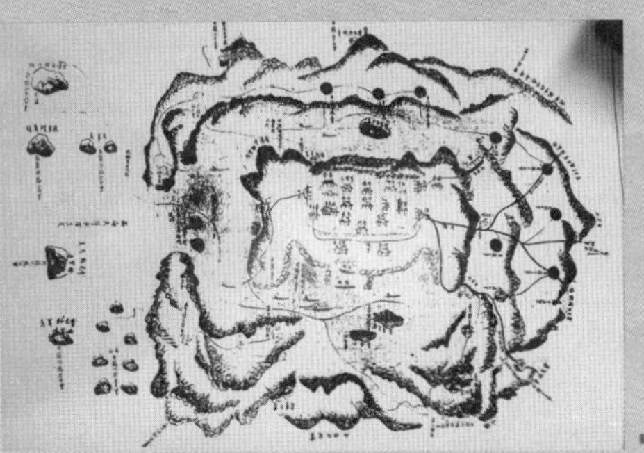

- 1957년 9월 15일 영광 지방 심령대부흥회가 법성교회에서 열렸다.
- 법성진 옛 지도.

고흥읍교회
전남 고흥 흥양읍성

다시는 이 땅에 민족적 수치와
국가적인 슬픔이 있을손가?

"1929년 6월. 김정복 목사가 제5대 교역자로 부임, 제3대 담임 목사로 시무하시다. 일제의 잔인스러운 학정과 종교 탄압에도 불구하고 교회를 직히면서 많은 환난을 당하시며 지나시다가 1942년부터 투옥되니 교회는 문을 닫게 되다."

"1945년 8월 15일. 조국 광복과 함께 굳게 다첫든 교회문은 활짝 열리고 투옥되엇든 목사님은 풀여나오시고 흐터젓든 성도들을 다시 모와 광복의 예배를 들이니 기쁨과 감사와 영광의 찬송을 부르며 감격에 남치다. 시온에 영광이 빛나는 아침 매엿든 종들이 돌아오네. 할렐루야! 찬송과 영광과 존귀를 세세에 돌리세. 다시는 이 땅에 민족적 수치와 국가적인 슬픔이 있을손가?

주여! 이 겨레를 직혀 보호하시옵소서.”

“1946년 6월. 파란 많은 목회생활 눈물과 한숨과 고통과 핍박을
격으신 김정복 목사님께서 군내 소록도 국립나환자교회로 떠나
시니 사랑과 덕망과 관후하신 성품에 아쉬운 마음을 금치 못하
다. 17년간의 목장을 떠나심은 너무도 아쉬웠으나 불쌍한 나환
자의 영혼을 위하여 가시니 말리지 못하였다.”

빛바랜 교회 당회록이다. 한국 교회가 애국심과 신앙심이 결합
된 민족 교회였음을 드러내는 대목이다. 한국 교회는 한말의 국권위
기 때 민족 교회로 이 땅에 뿌리를 내렸다. 그 무렵 크리스천은 사회
의 빛과 소금이었으며, 예수가 그랬듯 불의에 저항했다.

위 기록은 ‘소록도’라는 지명에서도 알 수 있듯 소록도가 속한 전
남 고흥군 고흥읍교회 당회록 연혁 부분이다. 연혁은 이 교회 제9대
김선영 목사(1967~1973년 재임)가 1969년 1월 1일 정리했다.

고흥읍교회(최동식 목사) 당회장실에서 수십 년 된 당회록을 최동
식(60) 목사, 조재열(77) 원로장로, 정종철(66) 장로, 송시종(67, 고흥
문화원장) 집사 등과 함께 열람했다. 그들은 연신 “할렐루야” 소리를
내며 기록에서 눈을 떼지 못했다.

고흥읍교회는 1905년 4월 시작됐다. 미국 의료 선교사 오원(C.
C. Owen, 1867~1909)의 전도로 하나님을 믿게 된 목치숙, 신우구
씨 등 여섯 명이 신 씨의 한약방에서 예배를 본 것이 이 지역 모교회
의 시작이다. 하지만 조선은 그해 11월 이완용 등에 의해 소위 일본
과 을사늑약을 체결함으로써 외교권을 박탈당하고 사실상 일본 식

교회 뒤쪽으로 흥양읍성 성벽 일부가 남아 있다.
이 일대는 현재 어린이공원이 됐다.

민지가 되고 만다.

패망으로 가는 조선에 예수는 백성의 희망이었다. 1907년 고흥읍교회는 "한약방이 좁아 서문 동정지(東町地) 뒷동산에 16평의 예배당을 건축했다"라고 적었다. 그 이듬해 "교회는 날로 부흥 중이며 많은 소아들이 모이게 되엇으니 멀리 10리 박에 호형에서 많이 아이들이 모이였는데 특히 소아 박만돌 군이 열심히 단이다"라고 기술했다.

그 한약방은 지금의 옥하리 홍교 근처다. 고흥읍교회는 교인이 늘자 1907년과 1919년 서문과 옥하리 쪽에 헌당을 거듭하다 1954년 옥하리 145-7번지에 지금의 석조예배당 건축을 시작한다. 송시종 원장은 "고흥읍교회는 옛 흥양읍성 안에 터전을 두고 멸망한 조국의 현실에 새로운 희망이 되고자 했다"고 말했다. 흥양은 현 고흥군 일원을 지칭하는 옛 지명이다.

고흥은 요즘으로 치자면 해군 군사도시였다. 조선은 왜구의 출몰이 잦자 남양산성, 율치산성 등 많은 성을 쌓았고 사도진, 녹도진, 발포영, 여도영 등 수군 병영을 두었다. 이순신은 전라좌수사가 되기 전 발포영만호를 지냈다. 임진왜란 당시 이순신이 "(고흥) 절이도 전투에서 적의 머리 71군을 베었다"는 기록이 있다. 흥양현감 배흥립, 녹도만호 정운 등 이순신 휘하 장수들이 호남과 남해를 지킨 것이다.

송 원장은 "그러나 문을 숭상하고 무를 업신여기던 조선은 무장이 많았던 우리 고장 인물을 발탁하지 않음으로써 이곳이 다른 성읍에 비해 서원과 사우 건립이 적었다"라고 설명했다. 박치기 왕 김일, 세계권투챔피언 유제두 등이 이 고장 출신이란 점은 이와 무관

현 고흥군청 안에는 동헌 '존심당(存心堂)'이 건재하다.
'존심'은 욕망 따위에 의해 본심을 해치는 일 없이 본연의 상태를
지킨다는 뜻이다. 고흥 사람들의 기개와 절의를 보여 주는 듯하다.

해 보이지 않았다.

현 고흥군청 안에는 동헌 '존심당(存心堂)'이 건재한다. 동헌은 일
제강점기 군청사로 사용됐다. 존심은 사람의 욕망 따위에 의해 본심
을 해치는 일 없이 항상 그 본연의 상태를 지킨다는 뜻이다. 고흥 사
람들의 기개와 절의를 보여 주는 듯하다.

고흥읍교회 당회록은 순교자 이기풍(1865~1942)이 1925년 6월
부임했다고 밝혔다. "재임 기간 고흥 지역에 여러 교회를 세워 활동
하시다 5년 10개월 만에 총회 전도부 파송에 따라 제주도 선교사로
가시다"라고 했다. 이기풍은 1938년 신사참배를 거부하다 체포됐고
이때 받은 고문 후유증으로 고생하다 별세했다. 이기풍의 절개와 양

심을 김정복 목사가 이어받은 셈이다.

고흥읍교회엔 또 한 명의 걸출한 목회자가 부임한다. 한국 보수 신앙 운동을 주도한 정규오(1914~2006) 목사다. 1953년 부임한 정 목사애 대해 "전란 중 많은 계몽운동(공산주의와 기독교)을 하여 지역 사회에 공헌했다"라고 서술되어 있다. 공산주의에 반대하고 보수적 기독교 운동을 했다는 뜻이다.

그의 재임 기간인 1954년 지금의 석조 예배당 기공식이 이뤄졌 다. 성전 터는 일제강점기 신사 터였다. 지역 사회는 교회가 신사 터 에 예배당을 짓겠다고 하자 핍박했다. 읍내가 한눈에 내려다보이는 좋은 위치인 것과 기독교를 배척하려는 정서 때문이었다. 우상의 전당인 곳에 하나님의 거룩한 성전 대지를 마련하고 성전을 건축케 되니 군민과 유지들이 결사반대했다고 한다. 그럼에도 당시 치안을 맡아 수고하시던 이제국 경찰서장의 노고와 협조가 큰 힘이 되어 1957년 완공을 보게 된다.

현재 교회 뒤쪽으로 흥양읍성 성벽의 일부가 남아 이 일대를 어린이공원으로 조성했다. 당시 일제는 읍성을 허물고 동헌을 접수해 군청을 만들면서 옛 성읍 가장 좋은 위치에 신사를 지었다. 자연히 고흥읍교회는 앞으로는 군청과 뒤로는 성벽 사이에 들어섰다. 성돌을 가져다 석조 건축을 했을 개연성도 있다.

한편 정 목사는 1956년 광주중앙교회로 부임했고 1959년 에큐메니컬운동(WCC)에 반대, 장로교 합동교단 설립을 주도했다. 1979년에는 합동 교단 개혁을 부르짖으며 개혁 교단 출범의 중심에 섰다.

이러한 영향으로 고흥읍교회 역시 몸살을 겪는다. "60년 2월. 국제적 변동과 신앙사조(WCC)에 의하여 교단이 통합과 합동으로 분열됨으로 본 교회는 보수주의인 합동 측에 머물러 진리와 복음 전파의 기치를 들다", "일부 교인이 좌경적인 통합 측과 내통하다가 50여 교우가 분열 이탈하여 중앙교회를 세우니" 등 한국 교회 분열사의 한 단면을 보여 주고 있다. "64년 4월 사이비 종파 이단에 현혹되어 용문산 집단에 가는 교인을 책벌키로" 등의 문구에서 엿볼 수 있듯 이단의 획책에 대응하는 모습도 읽을 수 있다.

고흥읍교회 최대 성장기는 1978~1988년이다. 장년 450여 명이 출석, 총 700여 명의 교인으로 북적였다. 한때 24만 명에 달하던

군 인구 영향도 있었다. 지금은 고령화와 인구 감소(6만여 명)로 교회 부속 유치원 원아 모집이 쉽지 않을 정도다. 그리고 랜드마크였던 석조 예배당은 고령 교인을 위한 접근성 확보를 고민해야 하는 상황이다. 고흥읍교회의 고민만이 아니라 한국 농촌 교회가 안고 있는 절박한 문제이기도 하다. 그럼에도 매주 한두 명씩 새 교인이 등록하는 것은 기도가 주는 힘이다.

이처럼 고흥읍교회 110년 연혁은 한국 교회사나 다름없다. 시대상에 따라 부침이 있을 수 있으나 새벽기도는 끊이지 않았다. 신사라는 우상을 딛고 예배당을 세운 선대의 신앙이 계속되기 때문이다.

"노인 인구가 64퍼센트로 전국 시, 군, 구 중 가장 높다. 교인 70퍼센트도 그렇다. 이들을 예수 안에서 행복하게 섬기는 게 내 사명이다. 교회와 지역 사회를 위해 노인 복지를 계속 펼쳐 나가겠다"(최동식 목사).

"사업 한답시고 40대 초반까지 교회에 덕 안 되는 일 많이 했다. 하나님 손에 이끌려 제대로 회개하니 섬길 일이 아주 많았다. 교회가 보금자리처럼 따뜻하다"(조재열 원로장로).

"개인사업을 하다 암 발병으로 힘들었다. 기도로 극복할 수 있었다. 그간 내 중심의 신앙생활을 했었다. 말씀 중심으로 살고자 한다. 보리가 웃자란 듯한 신앙을 경계하라고 말씀드리고 싶다"(정종철 장로).

고흥읍교회

설립연도 1905

담임목사 최동식　**현 주소** 전라남도 고흥군 고흥읍 후동길 15

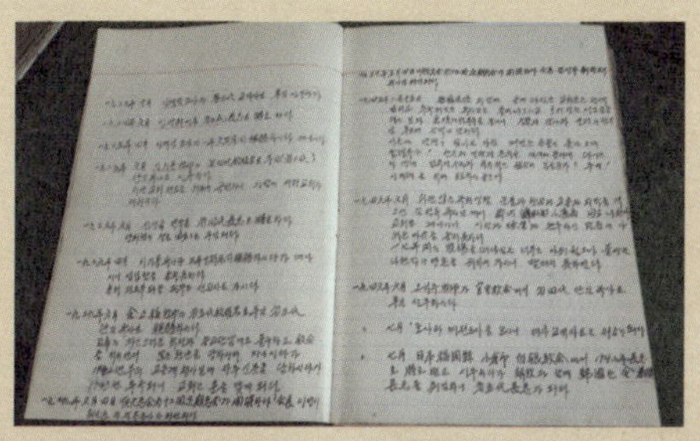

■ 교회 당회록. 고흥읍교회는 1905년 4월 시작됐다.
미국 의료 선교사 오원의 전도로 하나님을 믿게 된 여섯 사람으로 시작되었다.
■■ 옥하리 홍교. 전라남도 유형문화재 73호로 지정되어 있다.
고흥읍교회가 시작된 한약방이 이 근처였다.

서망침례교회
전남 진도 남도석성

교회 마당에 서니 팽목항이 눈 아래다. 선박관리를 하는 진도관제센터(VTS)는 더 가까웠다. 교회 뒷길을 따라 해안으로 걷다 보니 진도 남도석성이 나왔다. 2014년 4월 16일 세월호 침몰 참사. 그 통한의 땅. 그 땅 언덕에 붉은 벽돌 예배당이 304명이 목숨을 잃은 맹골수도를 향해 기도하듯 서 있다. 그들은 이유도 모르고 죽었다.

교회 뒤 남도석성(南桃石城, 진도 남도진성). 고려 원종 때 배중손 장군이 이끄는 삼별초와 성읍민이 끝까지 굴욕을 거부하며 싸웠다. 성읍민이 몰살됐고, 1만여 명이 몽골로 끌려가 노예가 됐다. 그들은 왜 죽는지 알았다.

통한의 땅엔 1980년대 말에야 겨우 복음이 전파됐다. 그만큼 오지였다는 얘기다. 바닷가 마을은 잡신에 의지해 살았다. 언제 바람이 불지, 언제 너울이 일지 알 수 없었다. 성황당에 달려가 고기잡이 나간 서방님의 안전을 비는 아낙들이었다. 길도 없었고, 부칠 땅도 없었다. 고기를 잡아도 내다 팔 동네가 너무 멀었다. 광주리에 도미, 장어, 송어, 우럭 등을 담아 이고 산길, 바닷길 돌고 돌아 내다 팔아 곡식으로 바꾸어 자식을 키웠다. 그러니 하늘과 바다의 조화를 무서워했다.

서망침례교회. 붉은 벽돌로 지은 전형적인 시골 예배당으로, 그 시작은 1988년이다. 수도침례신학교 신학생 윤배근(현 서울 쌍문동 꿈이있는교회 담임) 전도사가 맹골도 낙도선교에 나섰다가 십자가가 없는 땅이 안타까워 본격 개척한 곳이다. 지금의 교회 아래 슬레이트 지붕집이 첫 예배당이다. 윤 목사는 이곳에서 10년간 목회했다.

그 무렵 무속 분위기 속에서도 교회에 출석했던 이들은 김양금(78), 송장가(75), 문여임(74) 집사이다. 마을 사람들은 70~80호 남짓한 마을에 최신식 교회 건물이 들어선다고 하니 날을 세워 막지는 않았다. 차 진입도 어려운 꽉 막힌 어촌에 변화의 물결임에 틀림없었다.

"나는 절에 다니고 있었어요. 한데 교회 다니는 아줌마가 나를 전도했죠. 교인들이 새끼줄로 묶인 벽돌을 날라 예배당을 지었어요. 여자들은 세숫대야로 자갈과 모래를 이고 와 부었죠. 그때 우리 아들(52, 설성일, 선장)이 윤 전도사와 친구처럼 지내며 교회 건축을 했어요."

김양금 집사의 기억이다. 이 벽촌에 번듯한 교회 헌당은 기적과 같았다. 1992년 무렵 윤 전도사는 교회 건축을 강행했다. 하나님을

교회 뒤 남도석성(南桃石城)의 모습. 사적 127호.
고려 원종 때 배중손 장군이 이끄는 삼별초와 성읍민이 세웠다고 전해지나
정확한 축성 때는 그 이전이었을 것으로 추정한다.

의지하고 시작한 것이다. 벽돌 몇 장 쌓고 돈이 생길 때까지 또 쉬는
공사가 이어졌다. 난망이었다.

그해 5월 13일 수원중앙침례교회 권용택(70, 전 수원 백성병원 사
무국장) 장로 등 전도위원회 일행은 낙도 조도침례교회 후원을 위해
팽목항까지 밤새 달려왔다. 아침은 서망교회에서 먹었다.

이듬해 2월 말 권 장로 일행은 조도 옆 대마도 의료 선교에 나섰
다가 비바람으로 발이 묶여 서망교회에 또 들르게 됐다. 교회 건축
에 따른 시골 목회자의 분투를 본 이들은 가진 돈 탈탈 털어 지붕 올
리라고 35만 원을 헌금했다. 윤 목사는 "중고등부 아이들 둘과 교회

붉은 벽돌로 지은 전형적인 시골 예배당.
그 시작은 1988년이다.
맹골도 낙도선교에 나섰던 신학생이
십자가가 없는 땅이 안타까워
개척한 곳이다.

건축을 위한 100일 작정기도를 했는데도 빚 독촉이 빗발쳐 하나님을 원망하고 있었다"고 말했다.

권 장로는 서울에 올라와 약수(藥水) 장사를 해서 서망교회 건축을 돕겠다고 기도했다. 한데 권 장로의 헌신을 알게 된 김장환 현 수원중앙침례교회 원로목사가 "그 먼 길까지 선교를 위해 고생하신다"며 서망교회 건축비 750만 원을 내놨다. 같은 교회 고명호 장로는 거울을 설치해 줬고, 신순자 권사는 십자가 설치 비용을 헌금했다.

당시 윤 전도사는 권용택 집사에게 "다윗이 춤춘다는 말씀을 알겠습니다"라며 눈물과 기쁨이 뒤섞인 감사를 아끼지 않았다. 1993년 7월 16일 그렇게 서망교회 헌당예배가 있었다.

22여 년이 흐른 2014년 4월 16일. 이 교회 김승환(58) 전도사는 기도 중 불길한 헬리콥터 비행 소리에 밖으로 뛰쳐나갔다. 세월호 침몰 사건이었다. 그 시간 이후 교회와 마을은 깊은 침묵 속으로 빠져들었다. 누구도 웃지 않았으며, 누구도 떠들지 않았다. "하나님, 하나님"을 연발하며 기도할 수밖에 없었다. 울부짖는 소리, 사이렌 소리, 헬리콥터 소리, 질주하는 경비정 소리…… 교회 주변엔 임시 텐트가 쳐졌고 사람들로 엉켰다. 해안가마다 경찰이 혹시 모를 사고에 대비해 경계를 강화했다.

"교회는 유가족 거처가 있는 데서 약간 떨어져 있거든요. 교회 앞바다에서 기도하는 유가족이 많았어요. 우리는 그들이 바다에라도 뛰어들까 봐 늘 조마조마했지요. 어느 날 한 남자가 마을 구멍가게에서 잔뜩 취해 울어요. 김종훈(57) 장로님과 제가 교회로 모셨어요. 한나절 이상 그 자식 잃은 아버지를 위로하고 기도했어요."

그 아버지는 쌍둥이 아들 하나를 잃었다. 그 아버지는 울지 못했다고 했다. 아내 때문에 울 수 없었던 것이다. 그리고 유가족 거처에서 멀리 떨어진 교회가 있는 마을에서 술에 의지해 울고 또 울었다. 누구도 울지 말라고 할 수 없었다. 마을 뒷산에는 소리 없이 사라진 유가족을 찾느라 헬기가 뜨는 일도 가끔 있었다.

김 전도사는 울부짖는 심령을 위로했고, 박현숙(55) 사모는 자원봉사를 했다. 한동안 예배당은 자원봉사자 등 세월호 사고와 관련한 외지 크리스천으로 채워지기도 했다. 그리고 1년이 흘러 모두 떠나고 다시 10여 명의 연로한 교인만 남았다. 교회는 지금도 우는 자들과 함께 울고 있다(롬 12:15).

팽목항은 여객터미널이 있는 항구이고, 서망항은 어선들이 머무

2014년 4월 16일. 기도 중 불길한 헬리콥터 비행 소리에 밖으로 뛰쳐나갔다.
세월호 침몰 사건이었다. 그 시간 이후 교회와 마을은 침묵 속으로 빠져들었다.
사진은 팽목항 방파제 모습.

는 항이다. 이 둘을 합쳐 진도항이라 칭한다. 마을 사람들에겐 서망
항이 생활의 근거지다. 팽목항은 다도해해상국립공원에 속해 있는
섬 사람들의 역과 같다.

이 마을에서 나고 자란 김양금 집사는 연지곤지 찍고 이곳에서
혼인식을 했다. 그리고 조랑말 다섯 마리가 이끄는 신행길을 따라 이
웃 지산면으로 시집을 갔다. 가마에 탄 신부는 그 아름다운 진도석
성 앞을 지났다. 마을 사람들이 모두 나와 배웅했다. 그리고 남편이
세상과 작별하고 자식이 대처로 나간 후 다시 고향으로 돌아와 예수
와 혼인하게 됐다.

송장가 집사는 관청도에서 큰 섬 진도로 시집왔다. 큰 섬이라고
와봤더니 친정 동네보다 못한 가난한 동네였다. 지게길 외에 길도 없
었다. 그는 남편이 잡아 올린 도미 등을 광주리에 이고 이 마을 저 마
을 돌아다니며 팔았다. 자식들은 임회면사무소가 있는 십일시까지
20리(8킬로미터)를 매일 걸어서 등교했다. 부부는 등불을 밝혀 마중
을 나가야 했다. 1960~1970년대까지도 이런 오지가 없었다. 송 집
사 역시 1986년 교회가 들어오고서야 비로소 영적으로 눈을 떴다.

문여임 집사는 김대중 전 대통령의 고향인 신안군 하의도 대리
출신이다. 문 집사 밑에 자리한 집이 김 전 대통령 집으로, 그 집은
술 등을 파는 점방을 했다고 말했다. 김 전 대통령이 대처에 나가 공
부할 무렵의 기억이다. 그는 이곳까지 시집와 보리 농사, 고구마 농
사를 지으며 자식들을 키웠다. 문 집사에게도 '번듯한 예배당'은 설
레게 하는 문명이었다.

그러나 이들의 신앙은 목자의 양육이 미치지 못해 들쑥날쑥했
다. 8년 전 김 목사 부부가 부임하기 전까지 교회는 2년간 비어 있었

다. 지금은 외지에서 들어온 장로도 있지만 그때는 부녀들만 남아 있었다. 교역자들은 살림이 되지 않으니 예배당과 사택에 쓰다 만 짐만 남기고 떠나기 바빴다. 어렵게 세워진 예배당은 비가 새고 거미줄이 쳐졌다. 제민남 집사가 간신히 교회를 지켜 가고 있었다. 제 집사는 지금 70대가 되어 외지에서 투병 중이다.

그때 봉산교회(옛 충남 조치원읍), 시편교회(경기도 파주시 교하읍) 등을 섬기던 김승환 전도사가 기도 끝에 이곳을 방문, 부임을 결정했다. 사모의 동의를 얻지 않은 채였다.

"저와 딸(25, 다정, 농협 근무)은 예배당과 사택 문을 열고 소리를 질렀어요. 남편 뜻이라면 못갈 곳이 없어 마다않고 '땅 끝에서 땅 끝까지' 내려왔는데 살림도 예배도 못할 형편이었어요. 몇 달을 치우고 또 치웠죠."

부부는 흩어진 양들을 모아 '신앙의 기준점'이 되게 해달라고 기도했다. 다시는 '어린 양'을 버리는 일이 없는 교회가 되게 해달라고 매달렸다.

유배지의 땅 진도. 나라는 늘 이 변방을 버렸다. 그러나 백성은 변방을 지켰다. 예수의 탄생과 부활은 이렇게 버려지고 소외된 땅에서 시작된다. 지금 남도석성은 복원 중이고, 팽목항은 대규모로 개발 중이다. 거미줄 쳐진 예배당이었던 서망교회는 다도해에 복음을 전하는 기준점 교회로 성장하고 있다.

김승환 전도사는 〈창조문학〉으로 등단한 시인이기도 하다. 부산 출신. 청년 시절 여의도순복음교회 9대교구 청년회 총무 등을 맡아 불같이 뜨거운 신앙생활을 했다. 그러나 문학적 감수성으로 방황도 적잖았다. "8년 전 혼자서 서망교회를 와보고 뒤도 안 돌아보고 사역지로 정했다”며 “교역자가 없는 예배당 앞에 서서 부끄럽지 않을 종이 누가 있겠냐”고 말했다. 그는 진도항 개발에 따른 선원 선교, 진도 석성 앞 한옥단지 개발에 따른 은퇴자 선교 등에 비전을 얻고 있다. 한때 떠나고 싶은 갈등도 적지 않았으나 사례비와 자녀들 학자금은 그때마다 하나님이 채워 주셨다고 했다. “너희의 옷을 찢지 말고 마음을 찢고 너희 하나님 여호와께로 돌아오라고 했습니다. 세월호 아이들 앞에 우리는 닫힌 마음을 찢어야 합니다. 저는 끝까지 이곳에서 아이들의 영혼을 지킬 겁니다.”

서망침례교회

설립연도 1988

담임목사 윤배근   **현 주소** 전라남도 진도군 임회면 남동리 579-3

- 남도석성은 복원 공사가 한창이다.
  석성 내 거주민들은 복원 방침에 따라 성 밖으로 이주했다.
- 남도석성 앞의 만호비.
  만호는 무예에 능한 관직으로, 이곳에는 총 여섯 만호가 모셔져 있다.

영남 지역

흥해제일교회
경북 포항 흥해읍성

'호랑이 꼬리'에 '새벽 제단' 쌓다

흥해읍성 동헌 제남헌 뜰에 서니 교회 첨탑 십자가가 여름 하늘에 선명하다. 그 제남헌 앞으로 수백년 된 회화나무가 '옛고을 흥해' 관아의 위용을 자랑한다. 그 십자가는 설립 110년 역사를 자랑하는 흥해제일교회이다. 1982년 헌당된 본당 정면은 양무리를 이끄는 예수 스테인드글라스로 장식했다. 그 본당 왼쪽으로는 교육관이 자리했다. 교회 마당엔 70여 년 된 향나무가 허리 굽은 사찰 집사처럼 교회 문을 지킨다. 이 나무는 진액을 뿜어 구 목조 예배당을 코팅하는 역할을 했다. 방수·방충을 위한 나무이기도 했다.

흥해읍성. 사람들은 흥해라는 인구 4만여 명의 옛 고을을 잘 모른다. 경북 포항시에 있다고 하면 고개를 끄덕이는 정도다. 흥해읍성은 경북 포항시 북구 흥해읍에 위치한다. 흥해는 신라에서 조선까

지 한적한 어촌 포항리를 품은 큰 고을이었다. 이웃한 경주군(경주시)과 세를 겨룰 정도였다. 흥해향교가 고등 과정인 중교(中校)였던 것에서도 그 규모를 알 수 있다. 한반도 호랑이 꼬리로 불리는 지역의 중심이었던 것이다.

1905년 일본에 의해 외교권이 박탈당하는 을사늑약이 체결된다. 사실상 실국(失國)이나 다름없었다. 그해 흥해 사람 김상연이 대구 여행을 갔다가 이기우를 만나 예수를 영접하게 된다. 이기우는 미국 선교사 맹의와(Edward Frost McFarland)로부터 파송받은 전도인이었다.

김상연은 흥해로 돌아와 친구 이춘옥, 김균옥 등에게 복음을 전했다. 이들이 첫 예배를 드린 바로 이때가 흥해제일교회의 시작이다.

1928년 간행된 〈조선예수교장로회 사기〉는 김상연으로부터 시작하는 흥해 복음화의 궤적을 적었다. 이들은 선교사 안의와(James E. Adams) 명의로 교회를 설립했다. 이때 김상연은 영수가 됐다. 1924년 발행된 〈경북교회사〉에서도 이 같은 역사적 사실이 확인된다.

여기에 적는 '흥해제일교회 100년사'는 김상연 영수의 부인 최 북서 권찰(1980년 작고)의 구술을 정리해 반영했다(최 권찰은 100세까지 장수했다).

복음이 전해지기 전까지 바닷가 마을은 수천 년간 내려온 동제, 산신제, 풍어제, 굿, 점술 등 우상숭배로 인한 암흑기를 벗어나지 못했다. 안동 및 경주 문화권이 갖는 특수성은 완고한 사회질서를 낳았으며, 그러한 질서는 예수 팔복의 의미를 쉽게 받아들이지 못했다. 산은 전래 종교가, 평야는 사족(士族)이, 바닷가는 무속이 지배했다. 백성은 애통해하며 메시아를 기다렸다.

교회 설립 5년 만에 일제강점기라는 고난이 시작됐다. 이들에게 유일한 희망은 복음이었고, 교회는 복음의 실천을 위해 기독교 교육에 앞장섰다. 1920년대 교회는 명신학교를 설립, 크리스천 엘리트를 배출했다. 그들은 교회를 본영 삼아 서울과 평양, 만주 등으로 나아가 헌신했다.

초대 박문찬 목사(1878~1967)는 흥해기독교청년회를 이끌며 야학을 일으키고 농촌 문맹 퇴치에 앞장섰다. 민족의식 계몽 강연회와 근대 체육활동도 박 목사와 교회 청년부가 이끌었다. 당시 교회 청년회 사업으로 시종(時鐘)을 설치했다는 내용은 불과 한 세기 전이 전근대였음을 상기시킨다. 부산 민주화운동의 대부 고 최성묵 목사(부산중부교회)도 이 교회 청년회 회장 출신이다.

만석꾼 편도현은 명신학교 설립자였다. 박문찬 목사가 교장, 김대현 장로가 학감으로 인재를 양성했다. 박 목사는 훗날 사회사업에도 뜻을 두고 대구 맹아학교와 한국사회사업대학(대구대 전신) 등 특수학교 설립에 앞장서기도 했다.

이 교회 초대장로 김대현(1867~1940)은 박 목사의 가르침을 이어받았다. 그는 흥해 장터에서 "주 예수를 믿으라"는 쪽복음 전도인의 외침을 듣고 서른여덟 늦은 나이에 예수를 영접했다. 그는 착실한 신앙생활을 하는 가운데 장로로 장립(1918)된다. 그리고 훗날 서울 승동교회로 이명하여(1922) 한국 교계 지도자가 된다. 그는 '금필헌(金必獻) 정신' 즉 '하나님께 필히 바쳐야 할 돈'이란 성서적 개념을 갖고 저축하고 재산을 모았다. 그리고 하나님 은혜에 감사해 가진 전 재산을 바쳐 조선신학교(한신대 전신)를 설립했다.

그 정신은 장남 김영철(전 의사), 손자 김홍수(전 외무부 공보관) 등으로 이어져 지금도 '교육 기부 기독교 명문가'로 남았다. 이들 외에도 3·1 만세에 앞장섰던 송문수 장로, 일경의 문화정치에 맞섰던 박영조 목사 등이 암울한 시대를 정면으로 돌파한 지도자들이다.

민족 교회 고난은 일제의 태평양전쟁 시작과 함께 노골화되어 해방 직전엔 교회 폐쇄 지경에 이르렀다. 박문찬 목사 양아들인 박순석 목사(재임 1943~1949)는 그 탄압을 기도의 힘으로 이겨 내지 않으면 안 되었다. 일경은 설교 전 강단을 짓밟고 올라가 훈시했고, 천왕 외에 왕이 없다며 '왕', '만왕의 왕', '태평왕' 등이 들어간 찬송을 부르지 못하게 했다. 〈삼천리반도 금수강산 하나님 주신 동산〉, 〈십자가 군병들아〉 등 20여 곡이 금지곡이었다. 이 곡들은 찢기거나 'X' 표가 쳐졌다. 박순석 목사는 창씨개명 요구에 대해 "나는 신라 6부 촌장

흥해읍성 동헌 제남헌 뜰에 섰다. 교회 첨탑 십자가가 선명하다.
대원군 척화비도 가운데에 보인다.

흥해제일교회 옆 영일민속박물관 내에 있는
한말(韓末) 의병 항왜혈전 기념비.

의 추대를 받은 왕이다"라며 '육부왕' 개명으로 맞섰으며, 결국 일경이 지명 수배를 내렸다. 그의 아들 박정인은 초등학교 4학년 때 어머니가 보는 앞에서 아버지 소재를 요구하는 일경에 물고문을 당했다. 훗날 박순석 목사는 제헌국회 의원이 된다.

그러나 이들이 이루고 지켜 온 신앙의 유업은 민족상잔의 비극에 잿더미가 되고 만다. 1950년 6·25 발발과 함께 흥해읍이 전쟁터가 되고 만 것이다. 형산강 전선 이북이었던 흥해는 인민군 접수 지역이었고 미군 전투기의 집중 포격 대상이었다. 미군은 통상 예배당을 인민위원회가 쓰고 있다는 판단에 따라 교회도 폭격하게 됐고 교회를 포함한 흥해읍 전체가 참화를 면치 못했다.

2015년 7월, 이 교회 당회실에서 정언용 목사, 공병성(89), 배길도(80), 박철화(71) 원로장로, 황동욱(69), 황면화(66), 공원식(62), 이정학(60), 오철진(58) 시무장로 등이 함께했다. 대개 선대의 신앙 속에서 격변기를 보내고 이제는 자녀들이 그들의 신앙을 이어가는 믿음의 아버지들이다. 그들은 공직, 교직, 자영업 등 다양한 분야에서 소금이 되어 살았다.

공병성 장로는 스물한 살 때 예수를 믿기 시작, 60년간 한 번도 새벽기도를 빠지지 않았다. 구순인 지금도 새벽 제단을 쌓는다. 그의 아들(공명탁, 창원 하나교회)과 두 사위는 목사다. 이들의 젊은 시절은 가난과의 싸움이었다. 그러나 신앙 안에서만은 가난하지 않았던 이들이다. 나눔을 통해 복에 복을 더하는 은사를 경험한 이들이다.

1980년 지금의 새 교회당이 기공됐다. 하지만 당시 건축 예산이 턱없이 모자랐다. 이때 성전건축위원장 공병성 장로 등 당회원 7인은 재산의 십일조를 바치자고 결의했다. 놀랍게도 단 한 사람도 반대하지 않았다. 되레 집사 직분자들도 나섰다. 여신도들은 가까운 칠포 해수욕장에 국수집을 열어 건축기금을 모았다. 태풍으로 천막이 날아가 버리는 곡절을 겪기도 했다. 그러자 도무지 상식적으로 이해되지 않는 은사가 이들에게 쏟아졌다.

공병성 장로의 경우 당시 논 여덟 마지기(4천 제곱미터)를 바쳤다. 노모가 사흘간 식사를 하지 않았다. 속상해서다. 한데 그해 그보다 더 많은 논을 사게 됐다. 치과기공사 일이 쏟아졌기 때문이다. 다른 당회원들에게도 다양한 방법으로 물질적 축복이 주어졌다.

이러한 복음 정신은 오늘날 국내외 교회 건축, 푸드뱅크, 병원 선교, 해피하우스 선교 등으로 이어진다. 고난과 환란 가운데서도 성령의 축복을 받은 영광된 길이었다. 2010년 부임한 정언용 목사는 행복·영성·회복·나눔·선교를 목회의 핵심 가치로 삼고 있다. "영성은 신비한 영성을 포함하여 사회적 영성을 가져야 한다"고 말했다. 사회적 영성은 훈련과 믿음의 구체적 실천을 통해 가능하다고 덧붙였다. 정 목사는 "교회의 최후 사명은 선교이고, 흥해제일교회가 실천하고 있는 푸드뱅크와 해피하우스 등은 선교적 사업"이라고 강조했다.

독거노인 돕기, 상하수도 보수 등의 프로그램을 담은 해피하우스 사업은 교인들이 연가를 내 참여하는 이 교회의 자부심이자 자랑이다. 한동대가 이웃해 있고 최근 KTX 포항역과 국제컨테이너터미널 등이 들어서서 선교 사명은 더욱 높아지고 있다.

흥해제일교회

설립연도 1905

담임목사 정언용 현 주소 경상북도 포항시 북구 흥해읍 한동로 43

- 6·25 당시 폭격 당해 부서진 교회를 다시 지었다.
  1956년 신축 후 신학자 김재준 박사를 초대해
  첫 사경회를 마치고 찍은 사진.

경주제일교회
경북 경주 경주읍성

하나님이 높으냐 천황이 높으냐

"경주지방 노동교회(현 경주제일교회)는 연약한 교인들이 농업으로 근근 생활을 하나 십일조로 드리는 곡식을 쌓아 두고 교역자의 봉급을 담당하며…… 예배당 6칸을 잘 건축한 일도 있사오며 조선 독립 만세 사건으로 교역자와 교인 중에 구금당하여 교회에 해가 있을 듯하나 도리어 큰 믿음이 생겨 각 교회에서 형제자매들이 1070여 원의 구제금을 내어 고생하는 가족을 구조한 일이 있다"(1920년 1월 20일 제7회 경북노회 회록 중).

고도(古都) 경주에 복음이 들어간 것은 1902년이다. 우리나라 첫 이민이 시작됐고 단발령이 시작된 해였다. 1886년 대구에 부임한 미국 선교사 안의와(James Edward Adams)가 대구를 중심으로 장날 노방전도를 펼쳤는데, 이해 봄 경주 장날 노방전도에 나섰다. 그는

성읍의 사대문은 모두 사라졌고, 동문터 남쪽으로
잔존 성벽만 남아 성곽 전체 복원을 기다리고 있다.

대구에서 경주까지 말을 타고 왔다.

첫 교인은 이남생·공연이 부부였다. 부부는 주일을 피해 모를 심었고 마을 사람들은 "이 생원이 게으르다"고 비난했다. 하지만 다른 집들보다 많은 벼를 수확하자 "이 생원이 믿는 하나님은 참 영험하구나"라고 칭송하게 됐다.

경주제일교회 첫 교회당은 경주읍성 내 성건동 197번지 초가였다. 이남생 부부와 경주제일교회 초대 교인들이 눈물과 기도와 근면으로 이룬 하나님의 집이었다. 당시 읍성은 1920년대 히트한 대중가요 〈황성옛터〉 노래 가사만큼이나 '월색만 고요한 폐허'였다. 망국으로 치닫는 조선이었으며, 그 조선의 정신 경주라고 온전할 리 없었다.

예수 복음은 위정자들의 무능과 부패에 지친 백성에게 한 줄기 빛이 됐다. 이후 교회는 인근 안강제일교회 등을 개척하며 복음의 씨를 확산시켰다. 그러나 왕도 경주는 불교의 절대적 영향력 아래 놓인 곳이라 전도가 쉽지 않았다. 미국 북장로교 선교부는 기성 종교와의 갈등을 피하고 신문화를 통한 복음을 정착시키기 위해 교육선교에 치중했다. 1909년 경주제일교회 부설 계남학교는 그렇게 시작됐다.

하지만 1910년 국권을 잃었다. 그럴수록 백성은 '힘 주시는 예수의 말씀'을 듣기 위해 교회로 몰렸다. 불의한 권력에 저항하라는 예수의 말씀은 1919년 3·1운동 때 교회 청년들이 중심이 된 만세 시위로 나타났다. 일경은 그 청년들과 박영조 목사를 투옥시켰다. 박 목사는 출감 후 일제에 의해 대구 남산정교회로 쫓겨나다시피 나가야 했다. 경북노회 회록에서 말하는 '조선 독립 만세 사건'이다.

경주제일교회는 1920년 이래 경주 중심에 자리하고 있다.
사회봉사관이라는 이름이 걸린 석조건물은 준(準)근대문화유산이라 할 만하다.
아래 사진은 밑에서 올려다본 경주제일교회 종탑 내부.

경주읍성은 고려 시대 석축 읍성으로,
둘레 2,400미터였다.

성건동 197번지 앞에서 강주복(78), 김의진(74) 원로장로가 선대의 신앙을 추억했다. "기록에 보면 1920년 온 교우가 힘을 모아 한옥 와가 165제곱미터(50평) 예배당을 완공했다고 나와 있어요. 그 교회 사진이 지금도 전해집니다. 그 예배당 터가 성문 남문 밖 노동동 176번지, 지금의 경주제일교회입니다. 그리고 이곳 197번지는 안의와 선교사 등이 개척한 첫 교회터이고요. 이 자리에 '경주 지역 최초 기독교 도래지'라는 표석을 추진하고 있습니다." 3대째 경주제일교회 장로 배출 가(家) 김의진 장로 얘기다.

초가 예배당은 서문과 동문 중간쯤 위치했다. 지금은 성읍 사대문이 모두 사라졌다. 동문터 남쪽으로 잔존 성벽만 남아 성곽 전체 복원을 기다리고 있다. 경주읍성은 고려 시대 석축 읍성으로, 둘레 2,400미터였다. 고려 왕건을 비롯한 역대 왕들이 안동대도독부를 설치하고 지방 통치의 중심으로 삼은 곳이다.

이 읍성은 아문(衙門)과 남루, 동·북쪽 성벽의 옛 사진이 전해지는 것으로 보아 교회 설립 무렵까지 어느 정도 형태가 남아 있었을 것으로 추정된다. 따라서 성읍 안 초가 교회와 남문 밖 교회는 그 '월색의 폐허'를 지켜본 셈이 된다.

교회는 남문 이전 이듬해 김익두(1874~1950) 목사 초청 부흥사경회 등을 열어 60여 명의 결실을 맺는 등 전도 열기를 이어 간다. 예배당이 좁아 1923년 한옥 와가에 99제곱미터(33평)를 증축할 정도였다.

그러나 일제는 민족 교회를 지향하는 교회들을 탄압했고, 많은 교회가 지독한 핍박에 훼절했다. 경주제일교회가 속한 경동노회는 1938년 '신사참배는 국가 의식이다'라고 결의했고 제일교회도 이에 따른다. 그럼에도 일제는 민족교육을 시킨다는 이유로 계남학교마저 폐쇄한다. 여기에 그치지 않고 해방을 한 달여 앞둔 1945년 7월 29일, 주일예배를 방해할 목적으로 경보 사이렌을 울려 양화석 목사의 설교를 중단시킨다. 이에 교인 임오순 등이 거세게 항의하자 10여 명을 구금한다. 이들은 광복절 이튿날이 돼서야 비로소 석방될 수 있었다. 이때 일경은 "하나님이 높으냐, 천황폐하가 높으냐?"라는 질문으로 교인을 괴롭혔다.

현 경주제일교회는 경주 중심지다. 교회 북쪽에 경주읍성, 동쪽에 경주역이 있다. 1920년 이래 한자리를 지키고 있다. 그 교회 시설 가운데 교육관으로 쓰고 있는 석조 건축물은 준(準)근대문화유산이라 해도 과언이 아니다.

"제게 경주는 피란지였어요. 6·25전쟁 이듬해 목회하는 장형 때문에 이곳에 정착하게 됐습니다. 그래서 고향(함경도 북청)을 떠나 마음껏 주일성수하며 살았어요. 전쟁 전 지금의 교육관은 본당으로 쓰기 위해 공사 중이었던가 봐요. 한데 전쟁이 터지자 교회 건축 자재를 군에서 징발해 갔어요. 짓다 만 꼴이 됐지요. 불과 몇십 리 떨어진 안강에서 형산강 전투가 치열했으니 언제 교회가 무너질지 모를 때였지요. 피란민조차 멀리 부산 등으로 흩어지고 없을 정도로 민족이 바람 앞에 촛불이었죠. 교인들 심정이야 오죽했겠어요."

강주복 장로의 기억이다. 그는 광복과 함께 신앙의 자유가 없는 북한을 탈출했다. 다행히 중형(둘째 형)이 국군 장교여서 원산에서 목선을 타고 경북 포항으로 탈출했고, 다시 양륙함정(LSD)을 타고 여수로 가 피란살이를 했다. 슈샤인 보이(구두닦이)를 하면서 지냈다. 강 장로는 "북청 출신으로 우리나라 첫 세계 권투챔피언 김기수와 여수에서 같이 기거했다"라고 회상했다.

경주에 정착한 그는 짐차(자전거)에 80킬로그램의 책을 싣고 하루 40킬로미터를 오가며 책을 팔았다. 교회 소년부(지금의 청년부 격)에 소속돼 주경야독한 그는 훗날 경주 중심가에 '광복서점'이란 번듯한 기독교 서적 위주의 책방을 경영해 사업에 성공했다. 고된 한 평생이었다. 그러나 그는 "예수 믿고 복된 한 평생이었다"라고 말했다.

강 장로는 여전한 남북 갈등에 대해 "남북대화에 방해가 될 정도의 삐라 살포는 바람직하지 않다"라고 했다. 몸으로 겪은 세대의 조언이다. 한국 교회는 불행한 역사 속에서도 섬김의 전통을 이어 온 이들에 의해 우리 사회에 빛과 소금의 역할을 해왔다.

교회는 시대를 안고 있고, 교회 구성원은 시대정신에 누구보다 충실해야 한다. 경주제일교회의 구한말 초대교인, 일제강점기 교인, 해방 전후 교인 등은 핍박 속에서도 늘 약자 편에서 맥을 이어 왔다. 한국의 크리스천 누구에게나 고난이 있었고, 그럴 때면 합심기도와 중보기도로 역경을 헤쳤다.

당회장 정영택(66) 목사는 바로 이와 같은 선대의 유업을 직시하고 "하나님의 원칙을 양심에 따라 지켜야 하는 것이 크리스천의 책무"라고 강조했다.

경주제일교회 정영택 목사가 2014년 9월 22일 대한예수교장로회 통합 총회장으로 선출됐다. '시골 교회' 목사가 한국의 '장자 교단' 총회장이 된 것에 1,500여 교인은 기쁨을 감추지 못했다. 지체의 고통을 함께하려는 정 목사의 자세를 교계가 높이 샀기 때문이다. 정 목사는 "마르틴 루터가 95개조 선언문을 기반으로 '행동하는 삶'을 살았던 것처럼 하나님의 나라와 의를 구하는 삶의 모습을 교회가 보여야 한다"라고 말했다. 경주제일교회는 쇠락하는 비수도권 지방교회와 달리 영성을 바탕으로 한 섬김에 축복이 더해진 곳이다. 지역사회 헌신을 위한 구제 예산이 일반 교회보다 월등히 높다. 장애인, 재소자, 독거노인 등 소외된 이웃에게 형식적으로 다가가는 것이 아니라 정성을 다해 시간을 바친다. 유아·유치·어린이·청소년·청년부가 한국 교회 평균에 비해 몇 배 활성화된 것은 하나님의 응답 같았다.

경주제일교회

설립연도 1902

담임목사 **정영택**　현 주소 **경상북도 경주시 중앙로 47번길 3**

■　성경구락부 1회 졸업식(1954년 3월 27일).

■■　선교관 건축 시 우마차로 돌을 나르는 모습.

■■■　황성공원에서 드린 전 교인 야외예배(1937년 봄).

화양읍교회
경북 청도 화양읍성

풍전등화의 구한말, 백성이 메시아를 갈구하다

화양읍교회 세움 간판이 한적한 도로가에 설치되어 있다. '화양다방'이라는 간판은 교회 간판 뒤로 자리했다. 길 건너편 시골 우체국이 애틋했고, '만물상회' 간판은 보기만 해도 배불렀다.

화양읍교회는 경북 청도군 화양읍 동상 길에 위치한다. 읍이라고는 하나 너나없이 대처로 떠나 버려 면소재지 정도에 지나지 않는다. 더구나 10리(4킬로미터)만 가면 청도읍이어서 상권 형성이 쉽지 않다.

하지만 부모 세대에게 10리 안은 공동체 개념이어서 인정과 물산이 같이 움직였다. 저녁이 되어도 굴뚝에 연기가 솟지 않는 집이 있으면 이웃이 밥을 나눴다. 화양읍은 구읍(舊邑)이다. 청도를 신읍이라 불렀다. 그래서 화양읍교회 명칭은 한때 구읍교회였다. 지금

248

도 전기세 등 공과금이 구읍교회 명의로 나온다. 화양은 청도 관아가 있던 성읍이다.

"1900년 초 경부선 철도를 건설하면서 화양역을 설치하려고 했습니다. 한데 완고한 유림들이 웬 상스러운 양이(洋夷) 것이냐며 반대했습니다. 그 바람에 지금의 청도역으로 확정된 거고요. 근대 교통 하나가 고을을 바꿔놔 버린 거죠."

이 교회 임영웅(77) 은퇴장로의 설명이다. 이 완고한 마을에 예수 복음이 들어온 것은 경부선 철도 준공(1904년) 이태 전이다. 그 무렵 대한제국은 선교사들의 도움을 받아 하와이 이민(1903년)을 추진했다. 그 이민 바람이 화양에도 불었다. 구전에 따르면 당시 지원자들은 미국 문화를 알기 원했고 이에 따라 자발적으로 교회에 다니고자 했다. 이들은 선교사를 만나 "우리가 예수를 믿기 원한다" 말했다. 그러자 선교사들이 청도 지역 첫 교회인 풍각면의 풍각제일교회(당시 송서교회, 1899년 설립) 조사 김호준을 화양 기도처로 보냈다.

그렇게 시작된 화양읍성 신앙의 뿌리는 1906년 맹의와 선교사 주도로 20여 명이 모여 지금의 화양읍교회를 공식 발족했다. 풍전등화의 구한말, 백성은 메시아를 간구했고 그 열망에 따라 교인도 급격히 늘었다. 1909년 교인이 100여 명에 달했다. 한일강제병합조약 체결, 즉 조선의 식민지 전락을 한 해 앞둔 때였다.

그럼에도 조선은 유교적 이념에 충실한 사농공상의 신분 사회여서 야소교를 믿는 것들과 한 동네에 살 수 없다며 지역 사회 선비들의 핍박이 있었다. 때문에 첫 교회 터 서상동 합천1리에서 옮기지 않으면 안 되었다. 다섯 칸짜리 초가였다.

이 뒤로도 화양읍교회는 화양읍성 서문 안으로 옮기는 등 몇 차

화양읍성.

화양읍교회의 현재 모습.
교회는 예배 장소이자 배움의 장소였다.

례 떠돌이 신앙생활을 한다. 교회 이름도 서상동교회, 청도서문교회, 청도구읍교회 순으로 변경된다. 그러나 아쉽게도 이러한 교회 역사는 〈조선예수교장로회사〉와 화양읍교회 당회록에 짧게 거론된 정도가 전부다. 문헌으로 남은 교회 역사가 턱없이 부족하다. 역사 속 교회의 역할을 증명할 만한 문헌정보를 찾기 어려웠다.

한국의 전통 교회 대개가 그렇듯 교회 분열과 가난은 자랑스러운 자신의 역사조차 유실하는 원인이 됐다. 화양읍교회 역시 장로교의 분열, 전쟁 직후 가난 등의 원인으로 나이테 외에 알 수 있는 자료가 미미했다. 100년사도 내지 못했다. 다행히 2008년 부임한 김영달 목사가 사료를 찾아내고 구술을 받는 등 교회 역사 정리에 심혈을 기울이고 있다.

주일 예배 후 신현덕(81), 구정숙(75) 은퇴권사를 친교실에서 만났다. 김 목사와 김 장로도 함께였다. 한평생 예수 의지하고 살아온 노(老)권사의 얼굴엔 평화가 깃들어 있었다. 아버지가 구읍교회 시찰장을 했다는 신 권사는 청도군 금천면 출신으로, 부모를 따라 황해도에서 살다가 그곳에서 예수를 영접했다. 그 뒤 화양에 정착하여 남편 장승록(작고) 전 장로와 함께 3남 2녀를 키웠다. 큰아들 경수 목사는 경북 성주에서 목회를 한다. 작은아들 영민 씨는 화양읍교회 집사다. 58년째 화양읍교회를 섬기고 있는 신 권사는 "이번 추석에 모든 자녀들이 내려와 모교회에서 주일 예배를 드릴 겁니다"라며 조용한 목소리로 말했다.

구 권사는 어린 시절 어머니 따라 교회를 다녔다. 집도 교회 옆이었다. 그 유명한 청도 반시(납작감) 나무가 집집마다 한 그루씩 있었다고 기억했다. 지금은 교회 옆 화양읍성 객사 도주관(道州館)이 해체, 보수되어 번듯하나 1950년대만 하더라도 곳곳이 무너져 있었다. 교회가 도주관 지대보다 조금 높아 교회 마당에서 보면 눈 아래다.

"전쟁 전후 빨갱이 잡는다고 살기등등했어요. 어머니 따라 나무하러 가면 바위 사이에 빨갱이 해골이 즐비했어요. 빨갱이라고 누구 손에 지목당할지 몰랐죠. 국문을 모르던 어머니는 배운 오빠 잡혀 갈까 봐 전전긍긍했어요. 실제 청도경찰서에 불려가 신문도 당했고요. 그때마다 소부뚜막에 양말 걸어 놓고 빌고, 정월 보름에 바위를 보고 빌었어요. 그래도 잡혀 가자 세상에서 제일 높은 분이 하나님이라며 교회에 나가신 거죠."

청도는 6·25전쟁 당시 낙동강 전선 아래였다. 참화를 비켜 간 것이다. 그러나 화양 등엔 피란민이 몰려들어 참상을 실감케 했다.

두 권사는 "인민군 곧 들어온다고 집집마다 땅 파고 귀한 것을 묻고, 피란보따리를 준비해 놓고 살았다"라고 회고했다.

"교회 뒤 화양초등학교는 군인들에게 비워 줬어요. 우리는 마을회관 등에서 공부했고요. 읍내 곳곳에 많이 배운 듯한 젊은이들로 넘쳤지요. 서울 등에서 걸어서 왔다고 하더군요. 발이 퉁퉁 붓거나 병든 사람들이었어요. 행색이 거지나 진배없었죠. 그들은('국민방위군 사건' 희생자로 추측된다) 매일 죽어 나갔어요. 시신을 제대로 묻지 않아 땅속에서 다리가 삐죽 나와 무서워 피해 다녔어요."

교회는 군의 협조를 얻어 피란민 등에게 구호품을 나눠 줬다. 장례 집전도 했을 것이다. 그러나 그러한 활동은 자료가 없으니 몇 세대가 지나면 지워질 것이다. 김 장로는 전쟁이 끝나고 교회가 성경구락부를 열어 중고등학교에 진학하지 못한 이들을 가르쳤다고 했다. 대구상고 학생이었던 그는 산수(算數) 교사였다.

"교회가 예배 장소이자 배움의 장소였죠. 나이롱과자(뻥튀기) 등을 나눠 먹으며 교제했어요. 주일예배, 주일 밤 예배, 수요성가예배를 안 보면 죽은 걸로 알았어요. 요즘은 참 안타까워요. 예배가 기본인데 말이죠." 원로 장로와 권사의 이구동성이었다.

세월이 흘러 600여 명이던 초등학교 학생 수는 60명으로 줄었다. 교회 옆 우시장, 닭 시장, 개 시장 등으로 북적북적하던 5일장은 폐쇄됐다. 반면 옛터 성돌만 남았던 읍성은 복원됐다. 서문 쪽에 복원된 원형 감옥(형옥)은 갇히고 싶을 정도로 아름답다. 도주관 위엔 교회가 우뚝하고, 성벽에 오르면 교회 첨탑이 우뚝하다.

그 고향 교회는 명절을 맞아 오랜만에 붐빌 것이다. 귀성한 이들은 성벽에 올라 1974년 헌당된 고딕건축 양식의 교회당을 보며 그

멋진 풍경을 사진에 담을 것이다. 신 권사에게 물었다.

"신앙인의 기본은 뭐라고 생각하십니까?"

"주일성수하는 겁니다."

화양읍교회 김영달 목사는 부임 초 알코올중독 훼방꾼 때문에 적잖은 고생을 했다. 전임 목회자들이 그를 못 견뎌 퇴임했다고 할 정도였다. 교회 기물 파손 등 행패가 심했다. 그런데 그가 동네 골칫거리를 회심시켰다. 또 다른 불신자도 충성스러운 하나님의 어린양이 됐다. 시골 교회의 번듯한 크리스털 성구는 훼방꾼들이 회심 후 헌물했다.

"그분이 지금 집사가 됐어요. 당시 저를 깡패 목사라고 불렀어요. 허허. 농촌은 갈수록 피폐해져 영적 싸움을 하지 않으면 안 됩니다. 교회의 손길이 절실하죠. '예수를 믿는 것이 살길이다'라고 날마다 외칩니다."

화양초교생 3분의 1이 화양읍교회에 출석한다. 이날도 교회 앞마당에서 아이들이 '무궁화꽃이 피었습니다' 놀이를 했다. 출석 성도는 40~50명. 화양읍만이 아니라 청도읍, 이웃 경산시와 대구시에서 오는 원거리 교인이 늘었다.

"'베이징신학교' 지원 등 해외선교도 다섯 곳이나 합니다. 장학금 전달과 경로당 봉사는 당연히 해야 할 일이고요. 무엇보다 교회의 사명은 전도입니다. '신천지' 교주 태생지가 이곳이어서 영적 싸움이 더없이 필요한 곳입니다. 기도해 주십시오."

화양읍교회

설립연도 1912

담임목사 김영달   현 주소 경상북도 청도군 화양읍 동상리 98

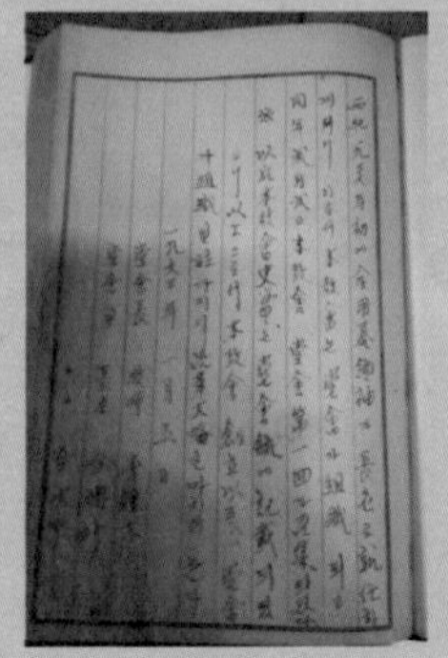

- 화양읍교회 당회록. 화양읍교회는 서상동교회, 청도서문교회,
  청도구읍교회 순으로 이름이 변경되어 왔다.
- 객사로 사용되었던 도주관. 곳곳이 무너져 있었다가 2013년에 보수되었다.
  지붕 너머로 화양읍교회 십자가 첨탑이 보인다.
- 옹성에서 바라본 성벽의 모습.

언양제일교회
울산 울주 언양읍성

작두에 손을 넣어 신앙을 고백하다

울산 울주군 언양읍은 여의도순복음교회 조용기 목사의 고향이다. 현 KTX 울산역사 뒤쪽, 울주군 삼남면 교동리에 조 목사 생가가 있다. 조 목사는 조두천, 김복선 부부의 5남 4녀 중 맏아들로 태어났다. 조두천 장로(작고, 여의도순복음교회)는 한학에 밝았다. 교동이란 지명에서 알 수 있듯 이 마을은 지금도 언양향교가 자리한 유서 깊은 마을이다. 조선 전기 관립학교인 향교가 자리했다는 것은 그 일대가 번성한 고을이었다는 얘기다.

실제 언양향교에서 태화강 지류 남하강 건너로 언양읍성이 보인다. 직선거리로 1킬로미터 남짓이다. 조 목사는 어린 시절 언양읍성 안에 위치한 언양초등학교를 다녔다. 입학 당시 언양공립보통학교였다.

언양읍성은 흙으로 성을 쌓았던 것을 연산군 6년(1500)에 확장하여
돌로 다시 쌓았다. 평지에 만든 보기 드문 평지성으로,
지금은 부분적으로 남아 있다.

언양읍성 남문 영화루에 올랐다. 2013년 복원된 주 출입문이다. 팔작지붕의 영화루는 반원형 옹성을 두었다. 옹성 앞쪽으로 해자가 있었으나 거기까지는 복원되지 않았다. 누각에서 보면 읍성 안과 밖이 한눈에 보인다. 복원 전에는 성곽이 잘려 나가 성돌만 군데군데 남아 있었다.

일제는 근대도시 조성을 이유로 성곽과 관청 건물을 파괴했다. 다만 관청 건물 가운데 규모가 큰 동헌과 객사는 각기 무단 통치와 황국신민화를 위해 사용했다. 통상 동헌은 주재소, 객사는 공립보통학교로 쓰였다. 언양초등학교 역시 이 과정을 거쳤다. 객사 자리인 것이다. 언양읍성 복원 계획에 따라 이 학교도 곧 신택지로 옮겨 가게 된다.

옹성 위에서 남쪽을 보면 우뚝한 십자가가 눈에 들어온다. 이 지역 중심 교회로 1902년 설립된 언양제일교회다. 성문에서 불과 80미터 거리다. 이 교회 예배당은 1909년 이래 한 자리를 지키고 있다. 이 교회 첫 예배는 1902년 조 목사의 고향인 교동리의 수남마을에서 시작됐다. 교인이 늘자 남문 밖에 자리를 잡은 것이다.

그렇다면 이 옛 고을에 어떻게 복음이 전파된 것일까. 그 시작은 부산, 경남 지방을 중심으로 복음을 전한 독일 출신 왕길지(Gelson Engel, 1864~1939) 호주선교사로부터 비롯됐다. 1900년 9월 아내와 함께 부산에 도착한 왕길지는 부산과 울산을 포함한 경남 동남부 지역 선교를 맡았다.

그는 부산진교회에 시무하면서 이듬해 6월 순회선교사로 울산, 언양, 장기, 감포, 경주 등을 말을 타고 돌며 전도에 나섰다. 그의 일기에 따르면 6월 6일 목요일 장기(지금의 포항 구룡포)에 살고 있는 교

언양읍성 정문 격인 남문 영화루.
2013년에 지금의 모습으로 복원되었다.

인 '김 서방네' 심방을 갔다가 언양을 거쳐 통도사에서 1박 한 후 교회로 돌아가는 길이었다고 한다.

왕길지는 당시 번화한 읍성인 언양읍내에서 점심을 먹고 통도사 쪽으로 향했다. 그 일행이 수남마을 벚나무 아래에서 휴식을 취하고 있는데 고삐가 풀려 말이 달아나는 소동이 벌어졌다. 일행이 마을에 들어가 말을 찾던 중 말이 정희조라는 사람의 콩밭에 들어가 밭 작물을 훼손한 사실을 알게 됐다. 왕길지는 "밭 피해를 보상하겠다"고 말했다.

그러자 정희조는 "말 못하는 짐승이 한 것을 어찌 그리 하겠소" 하고 보상을 요구하지 않았다. 이때 왕길지는 '한국인의 예'가 무엇

언양제일교회의 현재 모습. 왕길지 선교사의 영향으로 세워진
수남교회는 동부교회, 언양읍교회로 불리다가 1917년부터
언양제일교회로 개명되었다.

경남 지역 선교의 주춧돌을
놓았다고 평가받는
왕길지(Gelson Engel, 1868-1938)
선교사.

인지 알았다고 한다. 그로부터 1년 후 교동리 밭주인 정희조는 언양의 첫 신자가 되어 자기 집을 처소로 내놓았다. 1902년 9월 15일의 일이다. 이러한 일화는 왕길지의 일기에서만 확인된 게 아니다. 정희조의 증손자 정길원(언양평강교회) 집사의 가계사 구술에서도 그 일치함이 확인됐다. 정희조는 훗날 부산 동래 안평교회 설립에도 관여한다.

이렇게 울주 지역 중심 교회가 된 당시 수남교회는 인근 반천, 보은, 궁근정(지금의 상북)에 교회를 분리 개척하고 그래도 교인을 감당할 수 없자 읍성 남문 앞 지금의 교회 터로 이전한다. 와가 다섯 칸을 매입, 동부교회라 칭했다. 1917년 이후로는 언양읍교회로 불렸다. 언양제일교회로 명칭이 변경된 것은 1964년이다.

장날이었다. 읍내 한복판에 위치한 교회 주차장은 평일인데도 차들로 꽉 찼다. 예배당 옆 교육관 1층 화장실도 개방되었다. 주차장은 주차하기 편하게 되어 있었고, 화장실은 고속도로 휴게소 화장실처럼 깨끗했다. 세면대에 '비누 집어 가지 마세요' 외에 이용자의 주의를 환기하는 팻말도 없었다. 주차장 및 화장실 개방은 한국 교회가 지녀야 할 덕목이나 실상은 딱히 그렇지만도 않다. 관리가 쉽지 않다는 이유로 닫아 놓은 경우가 대부분이다.

이날 변인덕(46) 목사와 최춘식(69) 원로장로, 김도헌(62) 시무장로가 당회장실에 모였다. 최 장로는 장날을 기해 울주 지역 은퇴장로들과 모임이 있었음에도 당신이 평생 섬긴 교회 역사를 소개하겠다며 나왔다. 김 장로는 3대째 신앙을 잇는 이 지역 신앙의 명가 후손이다. 변 목사는 2013년 대구 삼덕교회에서 시무하다 청빙에 응했다.

최 장로는 울주 교회 지역사에 능했다. 20대 후반 결혼 후 읍내에서 양복점을 하며 교회를 섬긴 그는 113년 전통의 교회 역사를 자랑스러워했다. 힘이 부족해 100년사를 내지 못한 것을 아쉬워했다.

그는 "선대가 남문 앞 미나리꽝을 메워 교회를 세웠고, 작두에 손을 넣어 신앙을 고백했다"고 말문을 열었다. 작두는 언양제일교회가 울산 서부의 못자리 교회가 되도록 눈물로 기도한 한 여인의 신앙을 말한다. 일제강점기와 해방기를 살았던 우보은 성도는 친정조카의 권유로 예수를 믿다가 송씨 집안으로 시집을 갔다. 그러나 그 시대 예수 믿는 사람들이 그러했듯 서양 귀신에 미쳤다며 핍박을 받았다.

송씨 가문에서는 우 여인을 소 여물 써는 작두 앞에 무릎 꿇게 하고 신앙을 시험했다. 팔목을 자르겠으니 그래도 예수를 믿겠느냐는 것이었다. 여인은 순교자의 심정으로 "예"라고 답했다. 송씨 가문은 그를 내쳤다. 그리하여 우 여인은 지금도 문중 묘지에 있지 못하고 공동묘지에 묻혀 있다.

그러나 어머니의 신앙에 따라 네 아들 중 송덕윤 등 세 아들이 언양제일교회 등의 장로가 됐고 두 딸은 권사가 됐다. 또 우 여인의 자손이 울산·경남 지역에서 두 번째로 오래된 은편교회(1899) 설립자 김재명 장로가와 혼인을 맺었다. 그 후손이 바로 김도헌 장로다.

최, 김 장로가 열성으로 언양제일교회를 섬기기 시작한 것은 1970년대 이후다. 경주 출신 최 장로는 큰 병을 얻고 예수를 믿은 후 재단사로 언양 읍내에 정착해 성경 말씀대로 살았다. "결혼해 단칸방에 치매 걸린 어머니를 모시고 살다 돌아가시자 의지할 곳이 없었는데 타관바치인 나를 위해 교회가 장례 문제 등을 끌어 주는 것을 보고 사랑이 어디에 있는지 알게 됐다"고 말했다. 김 장로는 이곳 한 제조회사에 다니면서 선대와 인연이 깊은 언양제일교회에 헌신하게 됐다.

언양읍은 1970년대까지 오지였다. 1959년 태풍 사라의 피해 보상금으로 지은 교회 관사 시멘트 건물이 울주군 첫 양옥건물이었을 정도다. 그 양옥은 증축해 지금은 다문화선교센터로 사용되고 있다. 언양초교 교문 앞엔 지금도 옛 모습과 크게 변하지 않은 언양제일교회가 있다. 작고 초라한 베들레헴에서 예수가 태어났듯 소외된 땅 어디선가 꿈을 꾸는 이가 있을 것이다.

"언양제일교회는 제일 먼저 복음을 받아들인 역할과 책임이 있습니다. 우리 교회는 언양읍성과 함께했습니다. 성문을 닫을 때는 양식이 비축되어야 하듯 말씀 양식이 곳간에 가득해야 합니다. 성문이 열릴 때는 지역 주민과 소통하라는 것입니다. 이제 언양은 교통 요충지가 됐습니다. 인구 유입도 늘고, 교인도 늘었습니다. 독거노인 등 어려운 이웃을 돕겠습니다. 관내 서울산보람병원 등 병원 선교와 필리핀 등 세계 열방 선교에 힘쓰겠습니다. 올해 교회 표어가 '믿음에 거하고 터 위에 굳게 서라'(골 1:23)입니다." 변인덕 목사의 말이다.

언양제일교회

설립연도 1902

담임목사 변인덕 현 주소 울산광역시 울주군 언양읍 남문3길 3-8

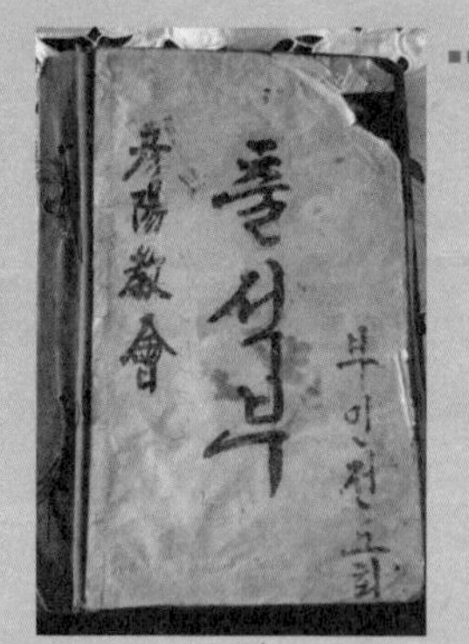

■ 언양제일교회 부인전도회 당회록.
■■ 언양제일교회 부인전도회 출석부.

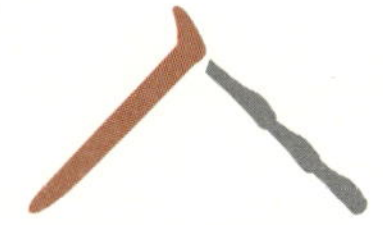

진주교회
경남 진주 진주읍성

교육 도시 진주, 그 배경에 교회가 있었다

서울에서 경남 진주의 진주교회를 찾아가는 길은 거침이 없었다. 경부고속도로를 빠져나와 통영·대전 중부고속도로를 타고 달리니 덕유산과 지리산 허리를 끼고 길이 이어졌다. 1950년 전후 빨치산이 출몰한 준령은 '콘크리트 괴물'에 산허리가 싹둑 잘렸다. 차로 3시간 30여 분. "진주라 천리길"로 표현되는 오지는 이제는 노래와 영화로만 남아 엄청난 변화를 겪고 있었다.

진주 사람들은 고속도로가 생긴 후 "부산 갈 바에 서울 간다" 할 정도로 '천리길' 오지에서 벗어났다.

'울도 담도 없는 집에서 시집살이 삼년 만에 / 시어머니 하시는 말씀 / …… / 진주낭군 오실 터이니 진주 남강 빨래가라 / 진주 남강 빨래가니 산도 좋고 물도 좋아 / 우당탕탕 빨래하는데……'라는 작자

진주성 촉석문 매표소
晉州城 矗石門 賣票所
JinJuSeong Chokseongmun Ticket Office

진주성 입구 전경.

미상의 민요 〈진주난봉가〉에 나타난 설움 또한 옛말이 됐다.

그 진주 남강 절벽 위에 진주성읍이 세워졌다. 백제 시대 거열성 터였으며 고려 때 읍성 축조가 본격화됐다. 촉석성이라고도 했다. 임진왜란이 일어나자 진주 목사 김시민이 3,700여 명의 군사로 2만여 명의 왜군을 물리친 임진왜란 3대 대첩 중 한 곳이 진주성읍이기도 하다. 하지만 왜는 6∼7만 명의 병력을 투입, 끝내 진주성을 무너뜨렸다. 의기(義妓) 논개가 분을 참지 못해 촉석루에서 열린 승전 연회에서 왜장을 끼고 남강에 뛰어들었다.

진주교회는 촉석루에서 1.5킬로미터 떨어진 비봉산 아래 위치한다. 현대적 개념의 성읍, 구시가지에 자리하고 있다. 이 교회는 1905년 호주 의료선교사 휴 커를(한국명 거열휴, 1871∼1943)이 봉헌했다. 진주 및 경남 서부 일원 첫 교회였다. 을사늑약이 체결된 1905년은 조선의 모든 성읍이 사실상 일제에 의해 무너지는 것과 다름없는 해였다. '황성옛터'가 되어 잡풀만 무성한 채 방치됐다.

1928년 발행된 〈조선예수교장로회 사기〉에 따르면 "선교사 거열휴와 조사 박성애가 전도하야 본군 북문 내에 초가삼간을 예배 처소로 정하고 회집 예배하였다"라고 기록됐다. 커를은 당시 진주 상황을 이같이 묘사했다. "이때 사회와 국가는 캄캄한 그믐밤 같고 또한 질서가 없는 고로 심히 문란하고 …… 연락(宴樂)에 취한 탕자들은 기생집에 방황 골몰하여 가산을 탕진하니 창기가 많으므로 파리의 수효에 비교하며 …… 교만하고 사치함은 제2의 고린도 성이라 할 수 있고 사신우상(邪神偶像)을 숭배하는 악습은 성행되어 아덴성에 지지 아니하더라 …… 사망의 길로 밀려가는 것을 어찌 다 형언하리오."

우리에게 불편한 이 시선은 우상을 섬기다 타락한 성읍임을 말

서장대. 진주성의 서문에 속하는 곳.
'장대'는 올라서서 명령하는 대를 가리킨다.

진주성과 그 주변 시설 및 경관을 담은
〈진주성도(晉州城圖)〉 중 촉석루 부분.

하고 있다. 그의 눈에 당시 진주는 고린도 성읍과 진배없었다. 커를
이 진주에 갔던 해, 일본은 독도를 다케시마라는 이름으로 개칭해 편
입시켰다. 이완용 등 을사오적은 일본 공사 하야시와 을사늑약을 체
결하고 희희낙락이었다. 천리길 진주라 해서 중앙정부와 다를 바 없
었다. 진주 토호 세력도 마찬가지로 수탈과 탐욕을 그치지 않았다.
그러니 그같이 불편한 타자의 시선이 나올 법했다. 조선의 성읍 어디
에서고 매관매직이 횡행했다. 백성은 하늘의 구원만을 바랐다.

　이듬해 6월, 커를은 선교 보고에서 "매주일 3차례 예배를 드리
며 평균 20명의 남자와 7명의 부녀가 참석한다"라고 적었다. 이들은
말을 타고 다니며 노방전도를 했다. 매서인(성경을 판매하며 복음을 전

진주교회 현재 모습.
진주의 복음화율은 5퍼센트
미만이라고 한다. 그러나 경남 서부
선교 109년을 진주교회를 빼고
설명하기란 불가능할 것이다.

하던 사람)도 전도에 큰 역할을 했다.

커를은 1906년 11월 첫 예배당을 준공했고 1908년 하동읍교회, 1909년 동금리교회(현 삼천포교회)와 북변교회(현 남해읍교회) 등으로 선교 지평을 넓혔다. 커를이 의료 선교사였던 만큼 시약소에서 시작한 의료 선교는 1913년 진주 지역 최초의 민간 병원 배돈병원 설립에 이른다.

신분에 대한 계급의식이 강하고, 경남 지방 가운데 가장 보수적인 곳이기도 한 진주성읍에 복음은 조심스럽게 퍼졌다.

"일제강점기 진주 교회사는 정리해 두지 않으면 안 되는 역사가 되었습니다. 그래서 교회가 역사관을 열어 1,200여 명 출석 교인에게 자랑스러운 교회사를 배우게 합니다. 진주 인구가 30만 정도 되는데 그중 10만여 명이 교육과 관련한 인구입니다. 대학만 여섯 개죠. 그런데 진주가 교육 도시가 된 배경에는 진주교회가 있습니다. 교회를 세우고 난 후 학교를 세웠으니까요. 광림학교, 시원여학교 등이 있었고 교역자를 양성하는 경남성경학원도 있었습니다. 순교자 손양원 목사 모교입니다. 진주기독유치원도 1916년 개원했고요."

역사관을 안내하던 조헌국(67, 전 진주시 교육장) 은퇴장로는 경남서부 기독교 전래사를 조곤조곤 전했다. 3대째 진주교회를 섬기는 가문이었다. 이러한 교육의 힘은 진주 지역 3·1운동을 이끌었다. 1919년 3월 18일 진주 장날 수만 명이 조선의 독립을 외쳤다. 일본 고등경찰관계적록은 "주모자들이 진주 장날을 즈음하여 예수교예배당(진주교회)에서 알리는 정오 종소리에 맞추어 조선독립만세를 외치도록 했는데 1만여 명이 모였다"라고 전한다. 부산경남 3·1운동사는 노동자, 걸인, 기생 등이 참가했고 수백 명이 체포됐다고 기록했다.

"진주교회가 신앙의 본모습을 보여 준 엄청난 사건이 있는데 바로 백정 선교입니다. 천인인 백정을 입교시키고 하나님 앞에서 존비귀천의 차별을 없앤 거죠. 당시 진주 백정은 옥봉과 서장대 아래 350명 정도가 모여 살았거든요. 양반 교인 일부가 본당 합석 예배를 반대했습니다. 그러나 안식년을 맞은 커를 선교사를 대신한 머리 라이얼(라대벽) 선교사 등의 설득과 스콜스, 켈리라는 두 여선교사의 신앙적 권면으로 우여곡절 끝에 합석 예배가 이뤄집니다. 이것이 우리가 역사책에서 배운 1923년 형평사 운동의 배경이 됩니다. 성령님이 도운 인권운동이었죠. 이러한 흐름은 1938년 신사참배 거부로 이어졌고 교회당이 폐문됩니다. 우상 숭배를 거부한 자랑스러운 폐문이었죠."

이 교회 이지오(83) 은퇴장로는 진주교회 역사의 대언자 같은 분이다. 해방 이후 진주에서 일어난 일들을 사진 찍듯 기억해 낸다. 이 장로는 1950년 한국전쟁 발발 시 진주사범학교(진주교대 전신) 5학년이었다. 인민군이 들어오자 그는 끌려가지 않기 위해 밭에서 숨어 살았다. 그의 집에선 교회가 보였다. 지금의 진주교회 인근은 논밭이었고 낮은 초가들이 듬성듬성 있었다.

진주를 접수한 인민위원회는 유화책의 일환으로 주일 예배를 볼 수 있다며 회유했다. '종교는 아편'이라는 그들의 '반동분자' 검거를 위한 술책이었다. 이 장로의 증언이다.

"그날이 수요일 낮이었어요. 저녁에 수요예배가 예정되어 있었죠. 한데 비봉산 너머에서 미군기 한 대가 낮게 날아오더니 교회당에 폭탄을 딱 한 발 떨어뜨렸어요. 정확히 첨탑에 떨어져 적벽돌 교회가 벽체만 남기고 무너져 내렸습니다. 십자가가 불에 타고 있었죠. 저는 앞뒤 안 가리고 교회로 달려가 망연자실 바라다봤습니다."

그리고 돌아온 주일. 회당 예배가 이뤄지지 못했다. 반면 진주 일원 10여 곳 교회에선 주일예배가 올려졌고 인민위원회는 이를 미끼로 대대적 교인 검거에 나섰다.

"지금도 저는 그 장면을 잊을 수 없어요. 어떻게 미군기가 교회 건물만 정확히 포격하고 사라지느냐 말이죠. 시내 어느 곳에도 폭탄을 투하하지 않았거든요. 비밀스러운 하나님의 뜻이 있지 않고서야 설명할 수 없는 일이죠. 교회가 무너지는 바람에 많은 교인이 납북

진주교회 종탑.
만민 평등의 하나님 정신은
진주교회를 중심으로 퍼져 나가
1923년 신분해방운동인
'형평사 운동'의 진원지가 됐다.

등의 화를 면했습니다.”

인민군이 물러가고 전소된 교회당에서 가마니를 깔고 예배가 재개됐다. 59년에 가서야 교회당은 완전 복구될 수 있었다. 1950년대 진주교회는 한국 교회의 분열에서 예외가 될 수 없었다. 예수교장로회는 고신파와 총회파로 갈리고, 총회파는 예장파와 기장파로, 예장파는 승동 측과 연동 측으로 다시 갈려 오늘날 승동 측은 합동, 연동 측은 통합 교단이 됐다. 진주교회는 현재 합동 측이다. 해석에 따라 진주의 장자 교회에 대한 이견이 있을 수 있으나 어찌됐든 진주교회를 빼고 경남 서부 선교 109년을 설명할 수 없다.

2006년 부임한 송영의(50) 목사는 2011년 6층 규모의 비전관 개관, 2012년 진주기미독립만세 기념 교회 종탑 복원, 2013년 광림학교 및 배돈병원 사적기념비 제막 등을 통해 역사 교회의 뿌리를 튼튼히 하고 있다.

“진주시 복음화율이 5퍼센트라고 합니다. 실제는 3퍼센트 정도 될 겁니다. 낮은 수치죠. 보수성이 강한 도시입니다. 그러나 이 견고한 성읍이 말씀으로 변화됐듯, 비전관에서 이뤄지는 교회 교육을 통해 진주가 제2의 변화를 겪을 겁니다. 교회 교육이 사회 교육을 선도할 때 부흥이 있었습니다. 진주교회는 교회 교육을 통한 비전을 세우고 있습니다.”

진주교회

설립연도 1905

담임목사 송영의   현 주소 경상남도 진주시 의병로 250번길 16

■ 일제강점기 진주 시내 전경. 진주교회 예배당이 또렷하다.
■■ 성탄절 축하 장식을 단 모습.

기장장로교회
부산 기장 기장읍성

전통 교회가 갖는 권위를 벗어 던지다

부산 해운대해수욕장에서 울산 방향으로 12킬로미터쯤 올라가면 부산 기장군 기장읍에 위치한 기장장로교회와 마주한다. 기장교회 현관에 들어서면 한 장의 흑백사진이 오늘의 우리를 되돌아보게 한다. 1900년대 초로 추정되는 기장읍내 원경이다. 200~300호 초가집 가운데로 신작로가 지나고 산 밑으로 기차 선로가 선명하다. 산은 일광산과 양달산이다. 산 아래가 옛 고을 기장읍이다. 기장 동쪽은 봉대산(229미터)이 가로막고 있다. 그 산을 넘으면 동해다. 기장미역, 기장멸치로 유명세를 타고 있는 기장은 20세기 초만 하더라도 신작로와 기차역이 전부인 오지였다. 기장 사람들에게 대처는 40리(16킬로미터) 길을 걸어 도달하는 부산의 구도심 동래였다.

기장장로교회. 1905년 호주장로교 왕길지(G. Engel) 선교사가

278

정덕생 조사와 함께 기장 전도에 나서 유봉수, 송만룡, 정영조 등 수인이 신앙을 갖게 됐다. 이들은 "기장면 동부리 328번지 초가 1동을 매입해 예배당으로 사용했다"고 〈조선예수교장로회 사기〉(1928년)가 전한다. 당시 교회 이름은 동부리교회였다.

초대 교인들은 교회가 부흥하자 남쪽 송정리에 송정교회를, 동쪽 죽성리에 월전교회(현 죽성교회)를 세웠다. 각기 1907년과 1911년 일이다. 그리고 1922년 기장교회 당회록은 다음과 같이 전한다. "이기선 목사를 강사로 초빙하여 대부흥회를 개최하니 기장의 많은 청년들이 믿기로 작정하고 예배당 건축헌금을 하니 일금 1700원이 갹출되어 이를 기금으로 상기 장소에 목조 함석지붕 31평(102제곱미터)의 예배당을 건축하다."

따라서 지금 기장교회 현관에 걸린 대형 흑백사진 속 교회와 기장읍성 전경은 1922년 이후 찍은 사진이라는 얘기가 된다. 기장교회는 1910년 경술국치, 1919년 3·1만세운동이라는 역사적 격랑 속에서 민중의 희망이 되어 동부산 지역에 복음을 활발히 전했던 것이다.

2005년 발행된 〈기장교회 100년사〉에는 주로 1930년대 사진이 실렸다. '하기학교 기념', '이일숙 선생 송별 기념', '하기 아동 성경학교 강습회 기념', '이상헌·송옥순 결혼 기념' 사진 등이다. 목조로 된 동부리교회 현관에서 찍은 것들이 주를 이룬다. 나무종탑 아래서 찍은 기념사진도 있다.

기장교회는 일제강점기 어떤 우상에도 항거하는 예수 정신이 살아 있는 공동체였다. 권철암, 박공표, 오기원, 장봉기, 최창용, 최학림, 김규엽 등 교회 청년들이 3·1운동을 시장통에서 주도했고 일경

기장읍성. 고려 공민왕 5년(1356)에 쌓았으며,
현재 모습은 여러 차례에 걸쳐 보수한 것이다.

기장장로교회의 현재 모습.
1905년 왕길지 선교사의 전도로 시작되었다.
당시 이름은 동부리교회였다.

에 의해 갖은 박해를 받았다. 이러한 박해에도 기장여자야학교, 기장기독청년회 등과 같은 교육 및 시민운동을 해나갔다. 백성을 복음 안에서 일깨우고자 했다.

이러한 교육과 계몽운동은 일제 말기 순교 신앙을 낳는다. 최상림 목사(1888~1945)는 기장교회 출신 목회자다. 주기철, 손양원 목사와 함께 경남 지역 순교자 3인에 해당한다. 당시 경남노회 노회장이었던 그는 '죽으면 죽으리라'는 자세로 신사참배에 반대했다. 월전리 구장(이장)이었던 그는 당시 기장면장이었던 박재형(독립운동가 겸 여성 정치가 박순천의 부친)으로부터 복음을 알게 됐다. 그리고 월전리에서 동부리까지 걸어 다니며 교회에 출석했다. 그리고 마침내 평양신학교를 졸업했다.

1938년 경남노회가 해운대교회에서 열렸다. 신사참배 여부를 앞두고 이를 취급하는 경남노회 교섭위원회가 "신사참배는 종교문제와 무관하다"는 결론을 내렸다. 일왕에게 절을 하는 것은 국민의 례라고 억지를 쓴 것이다.

"교섭위원회의 권고는 노회의 양심에 반한다." 최 목사는 그렇게 선언하고 노회의 신사참배를 거부했다. 당연히 수난이 뒤따랐다. 투옥되고 고문당했다. 그리고 5년 만에 평양교도소에서 생을 마감했다. 그가 즐겨 부르던 찬송은 〈나의 갈 길 다 가도록〉이었다.

1949년 10월 2일 당회록. "이남걸 집사가 헌납한 기장면 대라리 37-4번지 전 212평 지상에 목조기와지붕 건평 33평 예배당을 건축하여 동년 12월 15일 헌당식을 거행하다." 그 대라리 37-4번지는 지금의 교회 자리다. 이들은 여기에 적벽돌로 쌓은 성전을 마련했다.

2015년 5월 31일 주일. 교회 승합차와 버스에서 내린 교인이 현관 앞 서명대에 줄을 섰다. '신천지 설립 반대 서명운동'에 동의하는 이름을 쓰기 위해서다. 부산 기독교인들은 신천지가 부산 연제구에 건물을 세운다는 것을 알고 서명운동을 벌이고 있다.

기장 크리스천들은 이단의 폐해를 누구보다 잘 알고 있다. 1970년대 전국을 떠들썩하게 했던 모 사이비 집단이 기장에 수익성 기업을 세워 세력을 확장했던 것이다. 그 세력은 아직도 건재해 기장 복음화에 걸림돌이 되고 있다.

기장교회는 여전히 이 지역 모교회다. 700여 명이 출석하는 큰 교회다. 기장군은 2000년대 들어 4만 명이었던 인구가 11만 명으로 급증하면서 기장읍만 해도 50여 개 교회가 들어섰다. 그러나 바닷가와 큰 사찰을 끼고 있는 지역 특성상 복음화율은 7퍼센트 정도로 낮은 편이다. 전도가 중요한 이유다.

교회는 전교인 성경통독표를 복도에 걸어 두고 말씀을 통한 전도의 중요성을 강조한다. 이로 인해 주일 새신자 등록이 서너 가정에 이를 정도로 전도가 활발하다.

이날 권재완 목사는 〈잠자는 자여 깨어라〉라는 말씀을 통해 "사람은 산 자와 죽은 자로 구분되는데 크리스천은 결코 죽은 자가 아니다"라며 "대속의 은혜로 살아 있는 우리가 잠들어 있는 것이 문제"라고 말했다. 그러면서 '영적으로 죽은 자'에게 복음을 전하는 것이 신자 된 도리라고 강조했다.

전통 교회가 부흥하기란 쉽지 않다. 그러나 기장교회는 전통 교회가 갖는 권위를 벗어 던졌다. '복음을 전파하는 교회'를 비전의 첫 항목으로 꼽았다. 기장 지역 최대 교회로 부흥하는 이유다.

기장장로교회 황도권(84), 유인석(83), 송흥수(81) 원로장로는 이 교회의 산증인이다. 유·송 두 장로는 이곳 출신으로 1971년 장로로 장립됐고, 이웃 언양군 출신인 황 장로는 77년 장로가 됐다. 이들은 2001~2002년 은퇴하기까지 30여 년간 봉직하며 교회와 목회자를 섬겼다.

"우리는 학교 가면 무조건 일본말을 해야 했다"며 "우리말은 집에서밖에 할 수 없었다"고 말하는 강점기 시대 사람들이다. 유·송 장로는 기장초교 출신. 당시 1,200여 명의 학생이 있었다고 한다. 두 사람은 학교와 붙어 있던 옛 기장교회를 다녔다.

기장 지역은 산악과 바다를 끼고 있는 오지였던 탓에 자생 공산주의자가 많았다. 거물 사회주의 독립운동가 김두봉, 김약수는 사촌

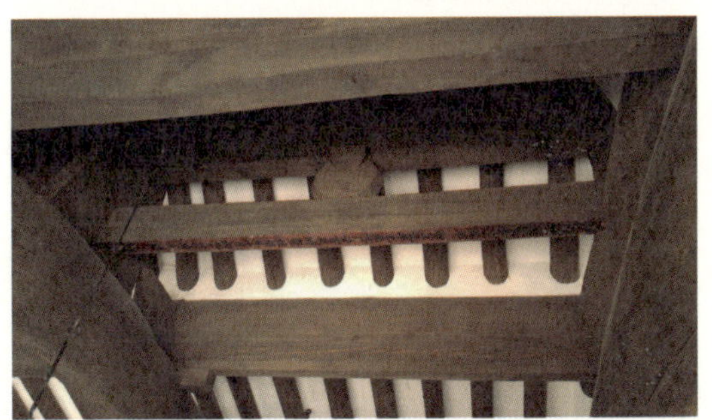

장관청(위)과 상량문 사진(아래).
장관청은 조선 후기 동남해안을 지키던 군관들의 집무처이다. 민족학교였던
명정의숙이 1913년에 장관청 터로 옮겨 오면서 항일운동의 근거지가 되기도 한다.
상량문에 적힌 기록을 통해 장관청은 1835년에 세워졌음이 확인되었다.

간으로 두 사람 모두 이곳 출신이다. 이들은 해방 후 북한 정권에서 요직을 지냈다.

"광복 직후 산사람(빨치산)들이 기장역과 우체국을 불태우기도 했다"며 "그들이 잡혀 장터에서 화형 등을 당하는 것을 목격하기도 했다"고 말했다. 불운의 현대사를 살아온 그들이다. 유 장로는 누나가 왕길지 선교사에게 세례를 받았다고 했다. 세 장로 모두 선대가 신앙인이었던 덕에 자연스럽게 복음이 몸에 배었다. "신사참배를 거부해 맞기도 많이 맞았다"고 그들은 말했다.

세 사람은 각기 사진관, 건축업, 과수원 등을 하며 교회에 헌신했다. 이들은 70년대 후반 구 예배당을 헐고 현대식 예배당을 건축했으며 90년사를 발간하기도 했다. 이러한 신앙은 후대에 이어지

기장 공덕비군(功德碑群). 기장읍 주변에 흩어져 있던 공덕비들을 한 곳에 모아 놓았다. 석비 31기, 철비 5기가 있다.

고 있다. 황 장로는 아들(황복린, 진해중부교회)이, 유 장로는 사위(조
강재, 부산 제3영도교회)가 목사다. 송 장로의 아들은 기장교회 송영
대 시무장로다.

이들에게 바른 신앙에 대해 물었다. "세상 사람과 다른 모범의
삶을 살아야 한다"(황 장로), "새벽기도와 예배 참석 등에 본이 되어야
한다"(유 장로), "어떠한 직분이더라도 겸손해야 한다"(송 장로).

기장장로교회

설립연도 1905

담임목사 권재완 현 주소 부산광역시 기장군 기장읍 차성동로 58

- 1920년대 기장 시가지 전경.
  맨 오른쪽 동그라미가 현 기장교회를 합성한 모습이고, 그 옆이 기장역이다.
  왼쪽 위 동그라미는 기장초등학교, 그 아래는 동부예배당(기장교회 전신)이다.
- 기장교회 전신인 동부예배당(1905년).
- 1934년 6월 10일 꽃 주일 기념사진.

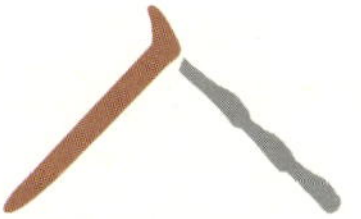

구영교회
경남 거제 구영등성·구영등왜성

남해안 거제도의 한적한 어촌 구영리. 70여 호 남짓한 반농반어 마을의 공공시설은 보건진료소가 전부다. 또 하나를 굳이 꼽으라면 120년 전 세워진 교회다. 한데 그 교회 예배당은 1490년 왜구 침입을 대비해 쌓았다는 진성(鎭城) 성벽 위에 우뚝하다. 예배당을 마주 보고 왼쪽으로 100여 걸음만 나아가면 잔존 왜성(倭城)이 마을 이장집 축대로 쓰인다.

이 진성과 왜성 터에서 바다 쪽을 바라보면 큰 섬 하나가 눈에 들어오는데, 바로 이 섬이 임진왜란 당시 '칠천도 전투' 현장이다. 원균이 이순신 장군을 밀어내고 삼도수군통제사가 된 후 벌어진 전투에서 왜군에 대패하고 열두 척의 배만 건진 곳이다. 이 칠천량은 궤멸한 조선 함선과 거북선 다섯 척에 대한 인양 시도로 화제가 되곤

풀에 가린 구영등성 위에 자리한 구영교회.

한다.

그 성벽 위의 예배당은 경남 거제시 구영교회이다. 임진왜란 무렵 구영교회가 있던 마을 지명이 영등(永登)이었고, 그 포구를 영등포라고 불렀다. 여기에 요즘으로 치자면 해군기지 진성(鎭城) 영등성이 축성됐던 것이다. 하지만 이 영등성은 칠천도 전투 패배와 함께 왜군에 접수됐고 그 성돌은 왜성 축성의 재료가 되고 말았다. 임진왜란이 끝난 후 진(鎭)이 안전한 곳으로 옮기면서 영등은 '구(舊)영등'으로 남게 됐다. '구영교회'가 된 연유다.

2014년 11월 23일 주일 새벽 6시 무렵 서울 남부터미널에서 시외버스를 타고 구영교회로 향했다. 다섯 시간 남짓 걸려 거제시청이 있는 고현읍에 도착했다. 거기서 다시 시내버스를 타고 굽이굽이 휘도는 바닷길을 한 시간여 따라 구영리에 닿았다. 거제와 부산을 잇는 8.2킬로미터 길이의 거가대교 시작점이 구영교회에서 3킬로미터 떨어져 있었다.

마을은 바다를 향해서만 열려 있을 뿐, 460미터 높이 대봉산 줄기에 갇혀 있었다. 1980년대까지만 하더라도 버스가 들어올 수 없는 오지였다. 전기 공급도 이 무렵 이뤄졌다. 아이들은 10리(4킬로미터) 산길을 걸어 농소국민학교(현 초등학교)를 다녔다. 그 농소초교는 폐교됐다.

이날 구영교회는 추수감사절 예배를 올렸다. 열다섯 남짓한 70~90대 여성 노인이 대부분이었다. 이들은 유모차에 의지해 느릿느릿 경사진 교회 길을 따라 출석했다.

묵상기도로 시작된 예배는 강만길(72) 집사의 기도와 찬송 373장 〈고요한 바다로〉로 이어졌다. '고요한 바다로 저 천국 향할 때 / 주 내게 순풍 주시니 참 감사합니다'라는 가사다.

홍두규(61) 목사는 이날 〈감사는 환경이 아니라 믿음입니다〉라는 제목으로 말씀을 선포했다. 일본 기독교 사상가 우치무라 간조 목사의 말씀을 인용해 "감사는 은혜를 받는 그릇이며, 신앙은 감사할 때 비로소 성장한다"고 전했다. 그러면서 "같은 죄인인데 예수 믿는 사람은 용서받으나 아니한 사람은 용서받지 못하고 포로로 묶인다"라고 말했다.

예배가 끝나고 현관을 나서자 교인들 손에 큼직한 사과 한 알과 귤 두 알이 든 비닐봉지가 하나씩 쥐여졌다. 추수감사절 떡인 셈이다. 홍 목사와 사모는 이들을 예배당 뒤쪽 사택에 마련된 '추수감사절 밥상'에 모셨다. 밥상은 평소 주일과 달리 풍성했다. 무엇보다

거제도 구영리. 70호 남짓 모여 사는 한적한 마을이다.
한국 교회 선교 130년에 교회 역사가 120년이다.

구영성벽 위에서 교회 역사를 설명하는 홍두규 목사.
사진 왼쪽 건물은 예배당이다.

귀하다는 물메기탕이 올랐다. 순두부를 입 안에 떠 넣은 듯한 식감이었다. 여성 교인은 사택 안방에서, 남성 교인은 목사 서재에서 상을 받았다.

"올해 첫 국이라요. 강 집사님요. (얼마 줬는교?) 한 마리 2만 원요. 마이 잡수소. 한 그릇을 잡숴도 밥값 내야 하이 마이 잡수소."

교회 운영 전반을 맡은 신대영(64, 거제중앙라이온스클럽 회장) 집사가 농담을 했다. 강·신 집사는 평생 구영리를 기반으로 살아온 이들이다. 이들 역시 반농반어하며 살았다. 교인이 적어 교회법상 장로 임직이 쉽지 않아 집사 직분이다. 두 사람은 자신들 말로 '초등반'에 속하는 젊은 축이다. 남성 교인 중 가장 젊은 신 집사는 "60대 초반 아내 나이는 설거지해야 하는 게 시골 교회 현실"이라고 했다.

신 집사는 40대 초반 선주가 되어 고기를 잡았다. 첫 출어를 받던 날 그는 무당으로부터 택일을 받았다. 한데 만선은 고사하고 선원 부상만 안고 돌아와야 했다. 사고였다. 그 치료비 대느라 전 재산을 잃었다. 그리고 미신을 버리고 어린 시절 놀던 구영교회에 출석하게 됐다. 풍금이 있었고, 추수감사절 송편과 성탄절 사탕, 건빵을 받고 신나 하던 추억이 있던 곳이었다.

신 집사의 기억. "6·25전쟁이 끝난 50년대 후반이었을 거예요. 미군 LSD(양륙함정)가 구영등포에 정박해 훈련을 하곤 했어요. 그때 미군들이 사과를 먹고 있었어요. 우리가 '기브 미'라고 손을 벌려 외치면 사과 속만 남은 걸 백사장에 던져요. 우린 그걸 서로 달려들어 차지해 바닷물에 씻어 먹곤 했어요. 초콜릿과 껌 등도요. 미군은 할머니들이 담배 피우면 그게 신기하다며 사진을 찍곤 했죠. 그 뒤로도 우리 마을은 군인들의 상륙작전지가 되곤 했는데 그때마다 농사가 쑥대밭 되곤 했지요. 군인들 세상이었으니까요."

그렇게 진성과 왜성 성벽에서 놀던 신 집사는 미군과 한국군을 겪으며 성장했다. 중학교는 장목면사무소가 있는 장목중학교를 다녔다. 그 거리가 8킬로미터였다. 산길을 걸어서 왕복했다. 하지만 대부분 상급학교에 진학하지 못했다. 가난했기 때문이다. 신 집사는 현재 자녀 교육을 위해 고현 시내에 산다.

구영교회 터는 정확히 구영등성 북문 자리다. 한때 이순신 휘하의 수군이 멀리 동쪽 가덕도와 북쪽 마산포(현 마산, 창원)를 감시하던 전략적 요충지였다. 잔존 왜성 성벽 위는 동헌이 자리했었다. 이 동헌 마루에서 영등성 만호(萬戶)가 경상우수영이 관할하는 바다를 한눈에 경계했다.

사료에 따르면 부산 앞바다로 왜적이 침입하자 원균은 승산이 없다고 판단하고 군선과 군사 시설에 불을 지르고 달아나려 했다. 이에 영등포 만호 우치적, 옥포 만호 이운룡 등 원균의 부하가 항의했다. 원균은 어쩔 수 없이 전라좌수영의 이순신에게 구원을 요청, 가까스로 연합작전을 펼 수 있었다.

구영교회는 이처럼 역사의 아픔 한가운데 있다. 조선 성종 때 쌓은 성과 임진왜란 때 쌓은 왜성이 군데군데 잔존한다. 교인들이 어린 시절 뛰놀던 치성과 옹성은 구영천 사방 공사를 위해 돌을 빼내 기단만 겨우 남았다. 왜성 또한 시멘트가 덧대진 채 어느 집 담으로 쓰인다. 교회는 이 역사의 흔적을 보존할 힘이 없다. 미자립 교회인 데다 젊은 교인이 없으니 교회사를 정리할 여력도 없다.

그렇기에 홍 목사와 강·신 집사의 기도제목은 교회를 대대손손 잇는 일이다. 전도 대상조차 없는 악조건 속에서 새벽기도, 수요예배, 주일 낮 예배 등을 거르지 않고 이어 나가는 이유다. 무너진 성벽을 세우시는 하나님이라는 걸 누구보다 잘 알고 믿기 때문이다. 구영교회는 올해 설립 120주년이다. 한국 선교 130주년인데 그 한적한 어촌에 120년 교회가 있다는 건 놀라운 일이다.

"1894년에 웅천(마산) 주성윤 씨로부터 이 마을 신삼동 씨가 복음을 받았다. 1919년 처음으로 예배당을 김세율 씨 등이 주축이 되어 초가 3칸으로 지었으며 1960년 3월 8일 신양해 씨 등이 주축이 되어 양철제 5칸을 건립했다. 1973년 이일장 전도사 외 교우들이 바로크식 양옥 교회당(현재) 30평을 건립했다."

이것이 구전 등을 정리한 구영교회 측 약사다. 교회에 남은 자료는 1988년 발간된 간단한 화보 중심의 책자가 전부다. 교회사가들은 경남 마산·통영 지역 첫 전도자인 호주장로교회 소속 앤드루 아담슨(1860~1915)에 의한 복음 전파로 구영교회가 설립됐을 것으로 보고 있다. 아담슨은 1894~1914년 한국에서 선교 활동을 했다. 따라서 자료 등을 종합할 때 구영교회 설립은 1900년이라는 설이 유력하다. 구영교회가 속한 대한예수교장로회 고신 교단의 연구와 관심이 절실한 역사 교회다.

구영교회

설립연도 1894

담임목사 **홍두규**　현 주소 **경상남도 거제시 장목면 구영리 380**

■　교회 앞에서 찍은 기념사진(1988년).

■■　1980년대 주일예배 직후 찍은 성가대 기념사진.

제주 지역

- 성읍교회_제주 구좌읍 정의읍성
  교난(敎難)의 자리에 세워진 십자가

- 대정교회_제주 서귀포 대정읍성
  산방산 돌을 캐어 교회를 세우다

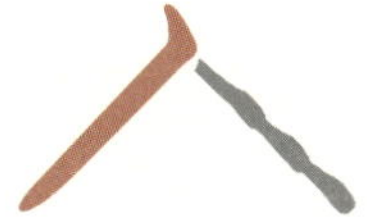

성읍교회
제주 구좌읍 정의읍성

'예수쟁이'가 없었다. 혼기 찬 교회 처녀 이필자의 어머니는 여기저기 수소문해 교회 청년을 찾았다. 제주 섬 내에서 교회 다니는 이가 드물었기 때문이다. 청년은 더욱 없었다. 그 처녀의 부모는 신실한 청년을 딸의 배필로 달라며 새벽 제단을 쌓았다. 그 어머니는 6·25전쟁 피란민을 통해 예수를 영접했다. 그 딸은 '부모에게 순종하는 것이 주 안에서 기쁘게 하는 것'(골 3:20)이라고 믿었다. 이필자가 스물세 살 되던 해 멀리 정의 성읍교회에서 신앙생활을 열심히 하는 반듯한 청년이 있다는 중신이 들어왔다. 어머니는 "하나님, 제 딸에게 복을 주셔서 감사합니다"라며 기뻐했다.

제주도 북쪽 구좌읍 바닷가 김녕교회 이필자는 이렇게 정의 성읍교회 청년 송승언과 결혼했다. 동갑내기였다. 1960년 1월 6일이

정의읍성 서문. 1423년(세종 5)에 세워졌다.
둘레 2,986척, 높이 13척으로, 현재는 성곽 일부가 남아 있다.

었다. 그때 신부는 트럭을 타고 80리(32킬로미터) 떨어진 성읍교회
에 도착했다. 비포장 산길을 트럭 타고 가는 것도 다행인 시절이었
다. 신부는 면사포를 썼다. 김녕교회에 일본에서 유학한 이가 있었
는데 그가 일본에서 사 온 면사포였다. 결혼식 때면 신부 되는 이들
이 돌려썼다.

이 '교회 오빠', '교회 누나'는 지금 장로, 권사가 돼 제주의 뿌리
깊은 신앙인이 됐다. 신앙을 가진 이래 한 번도 흐트러지지 않고 주
의 종으로서 순종하는 송승언(77), 이필자(77) 씨 부부 얘기다.

부부는 정의 성읍민속마을 내 성읍교회 입구에서 갈옷 집을 한
다. 아들 내외와 20여 년을 꾸려 왔다. 풋감 물을 들이고, 정성스럽
게 재단해 제주의 멋을 더한다. 그 가게 유리창을 통해 성읍교회 십
자가가 보인다. 그 십자가 종탑은 두 부부와 교인들이 현무암을 쌓
아 올렸다.

성읍교회를 둘러본 뒤 갈옷 집에 들렀다. 민속마을 골목마다 중
국인 관광객이 제주의 가을 정취를 즐겼다. 아들 내외는 이날 제주종
합경기장에서 열리는 '제95회 전국체육대회'를 보러 갔다고 했다.

"성읍교회는 순교자 이기풍 목사(1865~1942)가 1909년 세운 교
회입니다. 제주시 성내교회에 이은 제주의 두 번째 교회죠. 제 아버
님이 이 목사님을 도와 교회를 이끄셨어요."

송 장로는 작고한 아버지(송영복, 성읍교회 영수) 얘기를 하며 눈
시울이 붉어졌다. 이곳 성읍마을을 떠나본 적이 없는, 그야말로 순박
한 시골 교회 장로다. 그가 그리스도인으로 산 한평생은 '예수 믿는
고통' 자체였다. 섬 특성상 기독인에 대한 박해가 유난했다.

성읍교회 설립은 고난을 자처하는 일이었다. 1908년 제주 선교

1909년 세워진 성읍교회. 1970년에 개축된 것이다.

성읍교회 건물 앞에 선
송승언, 이필자 부부.
팔순에 이른 노부부는
김녕교회 처녀와
성읍교회 총각으로 만나
지금까지 교회를 섬겨 왔다.

에 나선 이기풍 목사는 송영복과 함께 지금의 성읍리 901번지 기도
처를 인수한다. 문 닫은 천주교회였다.

천주교회가 문을 닫은 직접적인 이유는 '이재수의 난' 때문이다.
1901년 신당과 신목 등을 제거하며 세를 확장하던 천주교인과 이들
을 비호하던 관리들의 학정에 들고 일어선 제주 백성들은 제주성을
함락시키고 천주교인 300여 명을 처단했다. 그 우두머리가 이재수였
다. 봉세관(세금 징수하던 벼슬아치)의 탐학, 제주 바다에 진출한 일본
의 어업 독점욕에 따른 천주교 축출 의도, 신당 훼손 등과 같은 극단
적 포교 등이 민란의 원인이 됐다. '제주교난(敎難)'이라고도 불린다.

'이재수의 난'을 전후해 정의읍성 천주교회는 빈 교회로 남게 됐
다. 백성들의 위협에 노출된 교회가 문을 닫게 된 것이다. 그 교회 터
가 어떤 곳이었는지 알 수 없으나 신당과 신목 등이 있던 자리였을
수도 있다는 추측이 가능하다. 현 성읍교회당 안에 신목으로 떠받들
어지기에 충분한 나무 한 그루가 자리한다.

'야소(예수)'에 대한 바로 이런 백성의 살의가 가시지 않은 곳에
성읍교회가 있다. 훗날 영수가 되는 송영복이 이기풍 목사를 모시고
'죽으면 죽으리라'는 믿음으로 교회 문을 연 것이다.

"박해야 말도 못했죠. 교난이 지나간 자리의 교회를 누가 나오겠
어요. 오직 아버지와 몇몇 교인이 기도로 지켜 왔지요. 더구나 1948
년 '제주 4·3사건'과 1950년 6·25동란(6·25전쟁)을 겪으면서 주민
들이 살기 위해선 남의 눈에 띄는 행동을 하면 안 된다고 생각해 교
회에 얼씬도 안 했죠."

송 장로의 어린 시절은 교회를 다닌다는 이유로 '왕따'였다. 자
녀를 밭에 내보내 일 시켜야 하는데 쪼르르 교회로 달려가 놀기 바

쁘니 교회라는 곳은 원성의 대상이었다. 예수 귀신 접할까 봐 두려워할 만큼 무지했다. 영수의 아들은 교회 밖에서 친구들과 어울릴 수 없었다.

"전쟁이 나자 많은 피난민이 제주로 몰려왔어요. 그때 교회가 가장 붐볐어요. 20평 남짓한 예배당에서 100여 명이 예배를 봤어요. 목사님도 세 분이나 피난 와 계셨고요. 하지만 전쟁이 끝나자 다시 10명 미만이 되고 말았어요."

죽음과 관련된 미신은 마을 사람을 지배했다. 전도사, 목사 등이 주민 전도에 진력했으나 "아무거나 잘 믿어서 천당 가면 되는 거 아닌가요" 하며 교회 출석을 외면했다. 그러니 목회자가 수시로 바뀌었다. 오직 송 장로 내외와 몇몇이 기도로 이끌었다. "어멍(엄마)만 예수쟁인줄 알았는데 딸도 예수쟁이여……" 하고 놀림받았던 이필자 권사가 시집온 후에도 유형·무형의 박해는 이어졌다.

"시아버지가 소천하시자 마귀가 들끓어요. 창문을 때려 부수고, 술 취해 행패를 부리는 이들이 있었어요. 그저 착한 장로님(남편)은 어쩔 줄 모르고요. 그 교회를 지켜 내느라……."

이 권사의 볼에서 눈물이 폭포 줄기처럼 흘렀다. 그리고 어느 해(70년대 초로 추정) 큰 비가 이곳 제주 중산간 지방에 내렸다. 저지대에 위치한 교회는 강대상 높이까지 물에 잠겨 접근조차 불가능했다. 교적부, 당회록 등 모든 역사 자료가 씻겨 내려갔다.

"예배당 마룻바닥 뒤집어진 건 하나도 아깝지 않았어요. 이기풍 목사님과 시아버지가 눈물로 쌓은 제단의 기록들이 떠내려가 버렸으니 이를 어째요. 몇날 며칠 잠 못 자고 '하나님 용서해 주세요'라고 빌었어요."

　　그 뒤로도 부부는 교회당 돌 하나, 화단의 꽃 한 송이까지 애정을 실어 교회당을 꾸몄다. 어느새 그 '교회 오빠'와 '교회 누나'는 팔순에 이르렀다. 옛날만큼의 구령 활동도 섬김이 쉽지 않다. 부부는 1남 4녀 중 첫째 딸 명희(52, 평택 평안교회 전도사) 씨를 하나님께서 받아 주신 것에 감사한다. 부부의 마지막 소원이라면 교회가 부흥해 정의 고을 사람들이 저마다 성경을 안고 성읍교회에 출석하는 것이다. '하나님의 방법'을 기다리는 부부다.

　　정의읍성은 조선 세종 당시 축성된 성이다. 동·서·남문이 있었다. 1984년 성읍 안팎이 중요민속문화재로 지정됐고 그 성곽과 남문, 서문이 복원됐다. 교회는 남문 안쪽 우측에 있다. 성곽 형태를 갖춘 읍성 안에 교회당이 자리한 유일한 경우라 할 수 있다. 현재 읍성 안에는 90여 가구가 살고 있는데 정부가 주민에게 성 밖 이전을 권하고 있다. 성 밖으로 400여 가구가 옛 정의현읍의 명맥을 유지한다. 교회는 지역아동센터를 운영한다. 105년 전통 성읍교회. 예배당 현관 앞에 놓인 현무암 기도 의자 일곱 석과 담 안쪽으로 동백과 각종 꽃, 100여 년 수령의 느티나무 등이 어우러진 성읍교회는 그저 먼발치에서 시리도록 아름다웠다.

　　이기풍 목사는 1907년 평양장로회신학교 1회 졸업생 일곱 명 중 한 명으로, 한국인 최초로 목사 안수를 받고 제주 선교사로 파송됐다. 당시 제주 선교는 해외 선교와 마찬가지였다. 제주 성내교회를 비롯해 성읍교회, 김녕교회, 삼양교회 등 제주 전역에 교회를 세우며 전도 활동을 했다. 제주도가 포함된 호남 지역의 기독교민족운동가였던 그는 1938년 일제의 신사참배 강요에 맞서다 검속돼 고문 등을 받고 병 보석됐으나 1942년 6월 끝내 순교하고 말았다.

성읍교회

설립연도 1909
담임목사 없음 **현 주소** 제주도 서귀포시 표선면 성읍정의현로 34번길 21

■ 한국인 첫 제주 선교사로 성읍교회를 세운 이기풍 선교사와
그의 아내 윤함애 사모 가족.
■■ 정의현 객사. 임금에게 정기적으로 배례를 올리는 곳이자
중앙 관리의 숙소 기능을 한 곳.

대정교회
제주 서귀포 대정읍성

산방산 돌을 캐어 교회를 세우다

옛 얘기 해줄 사람들은 죽고 없다. 130년 한국 교회가 그렇다. 어느 날 퍼뜩 정신이 들어 선대의 신앙과 교회 역사를 물으려니 답해 줄 사람들이 다 천국 가고 없는 것이다. 설립 100년 전후의 개교회 역시 대개가 그러했다.

하지만 출석 교인 40여 명의 제주도 서귀포시 대정교회(류덕중 목사)만은 달랐다. "이것을 네 손가락에 매며 이것을 네 마음판에 새기라"(잠 7:3)고 했다. 그들은 교회라는 마음판에 '산방산 돌을 캐어' 말씀을 새겨 후대에 전했다.

산방산은 대정교회에서 4킬로미터 남짓 떨어진 종상화산(鐘狀火山)이다. 대정교회 교인들은 1957년 4월 24일 산방산 돌을 캤다. 스데반과 같은 제주 첫 순교자 이도종(1891~1948) 목사를 기리기 위해

서였다. "교우들이 구루마(수레의 일어)를 끌고 직접 구멍이 없는 산방산 돌을 캐어 운반하고, 그 돌에 글을 새겨 교회 마당에 순교자 이도종 목사 기념비를 건립하여 예배를 드리다"라고 당회록에 적었다. 제주의 돌은 화산섬의 특성상 구멍이 숭숭 뚫린 현무암이다. 제주도 내에서 유일하게 산방산 지질만이 단단한 안산암을 품고 있다. 산방산 돌을 캔 이유다.

이도종 목사는 제주 첫 목사이자 첫 순교자다. 순교일이 1948년 6월 16일이다. 광복 후 대한민국은 좌우 이념이 극명하게 갈려 대혼란을 빚었다. 제주도는 '4·3사건'으로 이미 깊은 상처를 입었다. 그때가 1948년이다. 이 사건은 '남한 단독정부 수립 반대' 등 정치적 문제와 식량난이 겹치면서 폭동으로 비화했다. 미군정은 무력으로 이를 제압했다.

그즈음 대정교회 이도종 목사는 중산간 지역 회중의 순회 목회를 위해 고산교회(현 제주시 한경면 고산리)를 출발, 산길 25리(10킬로미터)를 걸어오던 중이었다. 고산교회는 그가 1937~1940년까지 시무하던 곳이기도 했다. 그랬던 그가 실종됐다. 대정읍 인향동 골짜기에서 무장대의 습격을 받은 것이다. 10여 명과 함께 생매장당했다. '양놈 사상을 전파하는 예수쟁이', '미 제국주의 스파이'라는 혐의였다. 이 목사는 죽는 순간까지 "하나님의 존재를 인정하지 않고 죄 없는 양민을 죽이는 무신론 집단의 승리를 위해 기도할 수 없다"며 최후를 마쳤다고 한다. 이 증언은 현장을 목격한 무장대 일원이 훗날 고백한 내용이다. 그리고 9년 후 대정교회 교우들은 수레에 돌을 싣고 와 '손가락에 매고 마음판에' 새겼다.

5월 중순이었다, 대정교회 정원 한쪽 '순교자 이도종 목사 기

이도종 순교비 뒤에 세워진 추사 김정희(1786~1856) 유배지 초가.

315

1909년 모슬포교회에서 분립된 대정교회는
1937년에 출발하였다.
현재의 교회 건물은 1973년에 입당한 것이다.

념비'는 세찬 빗줄기를 받고 있었다. 그 순교비 뒤로는 추사 김정희
(1786~1856) 유배지 초가가 깔끔하게 단장되어 있었다. 2003년 예
장 통합 측 제주노회가 기념성역을 조성하면서 순교비 주변은 소공
원을 이뤘다. 후박나무와 벚나무 등으로 숲이 울창하다. 그 나무 그
늘 아래에는 40년 된 종과 2미터 높이 십자가가 설치되어 있다. 추
사 유배지 조경과 정원이 한데 묶인 대정교회는 한국에서 가장 아름
다운 교회 정원을 갖춘 곳이 아닐까 싶다.

　　1973년 입당한 예배당 역시 디자인적인 색채로 1970, 80년대
교회 건축물의 진수를 보여 준다. 연한 황금색조 벽에 붉은 지붕, 고
딕창의 스테인드글라스 등이 연초록 잔디와 조화를 이룬다. 관광객

들이 지나다 말고 탄성과 함께 사진 찍기에 바쁘다. 성전 내부는 바실리카식 회당이다. 권위를 상징하는 종탑은 소박하다. 예전 종탑 위에는 철제 구조물과 그 구조물에 스피커, 십자가 등이 있었다. 하지만 태풍이 불면 위험하다는 우려가 있어 철거됐다. 십자가는 예배당 건물 후미에 별도로 세웠다.

교회의 시작은 이러하다. 1934년 이곳 교인들은 인성리 이태진 가옥을 기도처로 삼아 예배를 드렸다. 옛 대정현 관아와 성곽이 있던 성안 기도처였다. 그들은 당시 신시가지라고 할 수 있는 10리 밖 모슬포교회를 마다않고 다녔다. 1909년 설립된 모슬포교회는 제주 산남 지역의 모교회였다. 모슬포는 한적한 어촌이었으나 일제의 병참기지화 영향으로 번성했다.

모슬포교회는 1937년 당회를 통해 대정읍성 안 인성리에 '조선예수교장로회 대정읍교회' 분교를 결정하고 제8회 제주노회를 통해 최종 허락을 받는다. 지금의 대정교회의 출발이다. 당회장은 모슬포교회 이근호 목사가 겸하였다.

대정읍교회는 분교 8개월 만에 장년 30여 명, 유년주일학교 80여 명이 모인다. 연보(헌금)는 100여 원이 모였다. 이 연보로 종각을 건축하고 종을 달았다. 이 목사는 제9회 제주노회에 다음과 같이 보고한다.

"주일날 대례배 시간을 오후 2시로 작정하고 제가 오전에는 모실포, 오후에는 대정읍 설교를 하여 오는 바 도보에 곤란이 없지 않더니 해 교회로서 자전거 1대를 금춘에 사서 줌으로 두 교회를 돌아보는 것이 무여한 교회나 다름없사오며……."

그렇게 자립한 대정읍교회는 읍사무소 이전 등으로 읍세가 약화

되자 인성교회로 명칭을 바꾼다. 하지만 곧 일제의 교회 폐쇄 압력 등으로 공백기를 겪기도 한다.

그리고 전쟁이 터졌고 피란민이 몰렸다. 교회는 피란민 등과 함께 79제곱미터(24평) 넓이의 예배당을 지었다. 이 예배당에서 전쟁의 환난을 극복한다.

"그 인성교회 예배당이 성도가 늘면서 좁았어요. 지금 교회 자리로 신축 이전을 결정했죠. 한데 교회 건축 중 태풍으로 예배당 벽이 무너져 버렸어요. 남편은 이렇게 교우들을 길거리에 나앉게 할 수 없다며 뭍으로 나갔어요. 고생 끝에 돌아온 남편은 70만 원이란 건축 헌금을 들고 왔어요. 그런 은혜가 없었지요."

진창림(82) 원로권사의 얘기다. 진 권사는 이날 본당에서 부임 6개월 된 류 목사에게 옛 얘기를 들려줬다. 제주교회사에 깊은 지식을 갖춘 류 목사는 구술을 녹음하고 기록했다.

진 권사의 남편은 이 교회 3대 장로인 류석순(작고)이다. 교회 건축 당시 집사였던 그는 한 달여를 서울과 전국 각지를 돌며 태풍에 무너진 예배당 사정을 호소했다. 그 호소를 들어준 사람들은 대정교회에서 피난살이를 했던 이들이었다. 그중 사업가 김윤환(제주 에덴 수양관 설립자)은 30만 원을 헌금했다. 그렇게 교회는 이어졌다. 이듬해 인성교회에서 대정교회로 이름을 바꾼 교회는 안덕면에 덕수교회를 분립시켰다.

진 권사는 고산리가 고향으로, 고산교회에서 신앙생활을 했다. 처녀 적 이유 없이 몸이 아팠다. 굿을 해봐도 소용없었다. 오빠도 죽고 자신도 죽을 것 같았다.

"예수 믿으면 천국 간다고 해서 믿었다."

추사 김정희 유배지 조경과 정원이 한데 묶인 정원.

제주 첫 순교자 이도종 순교기념비.
제주도에서 흔한 현무암이 아닌 안산암 재질의 산방산 돌로 세워졌다.

제주 서귀포 산방산 전경.
한라산, 성산일출봉과 함께 제주의 3대 산으로 불린다.

그는 열다섯 살 무렵 제주시 동부교회에서 안수기도를 받고 병이 나았다.

"몸에 진동이 막 오더라고요. '아이구 어망(엄마의 제주 사투리)', '아이구 어망' 하면서 하나님께 매달렸어요."

이 경험은 훗날 믿음의 족보가 된다. 진 권사의 아버지는 딸을 믿지 않는 집안에 강제 결혼시키려 했다. 이를 거부한 진 권사는 류석순을 만나 결혼한다. '믿는 사람'이라는 게 단 하나의 이유였다. 부부는 지금은 제주추사관 주차장 자리가 된 터에 살며 교회를 섬겼다. 교회 앞 대정우물터는 진 권사가 교회 잔치 때마다 음식을 만들기 위해 두레박을 내리던 곳이다.

그의 시아버지 류화평은 권서인으로 활동하다 성경학원을 졸업하고 제주 위미교회를 개척했다. 화순교회(현 안덕교회)에서도 목회를 했다. 부부의 큰아들 승남(62) 씨는 제주 신촌교회 목사다. 2남 승호(55) 씨는 아버지에 이어 대정교회 장로이고 3남 승삼(51) 씨는 집사다. 4남 승선(49) 씨는 제주 남원 의귀교회를 섬긴다.

'지혜로운 여인' 진 권사는 기억력이 좋았다. 이도종 목사가 전북 김제중앙교회 담임목사 시절 반일 시국 강연을 했다가 교회를 사임하고 제주에 정착하게 된 이야기 등을 '활동사진' 보여 주듯 했다. 이 목사는 일제에 성직을 박탈당해 떠돌기도 했다. 진 권사는 이 목사의 어머니와 사모 등이 고산교회를 이끌어 가던 이야기도 했다. 6·25 전후 남로당이 주민을 모아놓고 "공평한 세상"을 외치며 입산을 권유한 얘기도 사진 찍어 놓은 듯 보여 줬다.

대정교회는 진 권사와 같은 원로들의 구술과 자료 등을 확보해 교회 역사를 제대로 정리할 줄 안다. 모교회인 모슬포교회 역시 마음판을 새기는 데 강하다. 이 두 교회의 영향으로 제주 서부는 '제주순례길'이 형성됐다. 대정교회, 모슬포교회, 고산교회, 용수교회, 조수교회, 강병대교회, 이도종 목사 순교터, 조남수 목사 공덕비 등은 그 길에 돌로 새긴 마음판이다.

그들은 또 성지를 관리할 줄 안다. 대정교회 김형문(63, 금산건강원 대표) 장로와 같은 이들은 잔디와 정원 관리가 쉽지 않음에도 '그림처럼' 가꾼다. "뛰노는 교회 아이들을 위해 특별한 일이 아닌 한 농약을 안 친다"는 김 장로는 집보다 교회가 먼저다. 템플스테이 같은 처치스테이의 가능성을 열고 있는 교회가 대정읍성 대정교회다.

‘아이들이 가고 싶어 하는 교회’라는 비전을 품은 류덕중 목사는 제주 선교 역사와 제주 선교 방향을 누구보다 잘 안다. 그는 예장 통합에서 학원선교 전담 목회를 해왔다. 수년 전부터 제주 선교에 집중하고 있다.

두 명에 불과하던 주일학교와 중고등부가 대정교회 부임 후 십수 명으로 늘었다. “아이들에게 하나님의 성품을 집중적으로 가르쳐 세대를 잇는 가교가 되게 할 것”이라고 했다. 실제 주일학교 등이 활성화되면서 3대가 출석하는 교인이 늘었다. 제주시에 살면서 주일이면 부모가 있는 대정교회로 와 주일성수하는 이들도 늘었다. “아이들이 교회에 가고 싶어 하면 성공한 교회입니다. 그들은 하나님 나라의 미래거든요.”

대정교회

설립연도 1934

담임목사 류덕중   현 주소 제주도 서귀포시 대정읍 추사로 36번길 11

- 1972년 5월 1~6일 인성교회(현 대정교회) 부흥회 직후 기념 사진.

한국의 성읍 교회
Searching for Korean Castle Town
Churches

2016. 6. 15. 초판 1쇄 인쇄
2016. 6. 22. 초판 1쇄 발행

지은이 전정희
펴낸이 정애주
국효숙 김기민 김의연 김준표 김진원 박세정 박혜민
송승호 오민택 오형탁 윤진숙 이한별 임승철 임진아
정성혜 조주영 차길환 한미영 허은
펴낸곳 주식회사 홍성사
등록번호 제1-499호 1977. 8. 1.
주소 (04084) 서울시 마포구 양화진4길 3
전화 02) 333-5161
팩스 02) 333-5165
홈페이지 www.hsbooks.com
이메일 hsbooks@hsbooks.com
페이스북 facebook.com/hongsungsa
양화진책방 02) 333-5163

ⓒ 전정희, 2016

• 잘못된 책은 바꿔 드립니다.
• 책값은 뒤표지에 있습니다.

ISBN 978-89-365-0337-6 (03230)

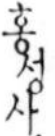